抗日英雄小故事系列

张自忠

周东升　汪铮／主编
戴婷婷／编著

团结出版社

图书在版编目（CIP）数据

张自忠/戴婷婷编著.--北京：团结出版社，
2014.12（2021.9重印）
（抗日英雄小故事系列/周东升，汪铮主编）
ISBN 978-7-5126-2999-8

Ⅰ.①张… Ⅱ.①戴… Ⅲ.①张自忠（1891～1940）
-传记-青少年读物 Ⅳ.①K825.2-49

中国版本图书馆CIP数据核字（2014）第165741号

出　　版：团结出版社
　　　　　（北京市东城区东皇城根南街84号　邮编：100006）
电　　话：（010）65228880　65244790（出版社）
　　　　　（010）65238766　85113874　65133603（发行部）
　　　　　（010）65133603（邮购）
网　　址：http://www.tjpress.com
E-mail：zb65244790@163.com（出版社）
　　　　　fx65133603@163.com（发行部邮购）
经　　销：全国新华书店
印　　刷：天津兴湘印务有限公司

开　　本：670毫米×960毫米　16开
印　　张：8.75
字　　数：81千字
版　　次：2014年12月　第1版
印　　次：2021年9月　第4次印刷

书　　号：978-7-5126-2999-8
定　　价：29.80元

（版权所属，盗版必究）

目　录

001

抗日英雄

张自忠

002

抗日英雄
小故事

第一章 初出茅庐

第一节 少年尚武

1. 父亲的期望

1891 年 8 月 11 日（农历七月初七），正好是中国的传统节日——乞巧节。传说在每年的农历七月初七，分离一年的夫妻牛郎织女会在鹊桥相会，互诉衷肠。这天玉皇大帝的七女儿织女要与凡间的女子一起分享她的欢乐，尽其所能地赐福人间。农村的妇女通常会庄重圣洁地摆出瓜果、女红，穿针引线，祈求织女娘娘赐予她们灵巧的双手和美满的姻缘。在山东省临清县唐园村里，天边亮起一道曙光，身怀六甲的冯夫人虔诚地向织女娘娘许愿，祈求腹中的孩儿长大后能够出人头地、光宗耀祖。到了上午 8 时，唐园村张家大院东楼上响起了清脆的啼哭声，一个婴儿呱呱坠地。这个婴儿仿佛受到织女娘娘的关爱，小的时候长得聪明健壮；长大后，骁勇善战，智深勇沉，为我国的抗日战争事业做出杰出的贡献。他就是让日寇闻风丧胆的"活关公"，著名爱国抗日将领、中国陆军二级上将——张自忠。

张自忠的祖辈在明朝末年从山东迁移到临清县城，到了张自忠的祖父张春林时，已经是临清县唐园村的首富了。此时张家有几百亩土地，雇用了大量佃农在地里干活，种植小麦、玉米、棉花，收资颇丰。张自忠的父亲张树桂是读书人，曾任江苏省赣榆县巡检，负责治安、监管河道，后因政绩突出，升任赣榆县县令。

张自忠出生的那个年代，清政府内忧外患、时局维艰，王朝统治摇摇欲坠。张树桂屡次参加科举考试而不第，满腔的忠君报国之志无从施展。此时，抱着这个刚刚出生的五小子，张树桂满含希望地说："我家五小子就叫'张自忠'吧，取意'自当奋进，忠孝双全'。"从前大户人家给小孩取名字，一般有"名"又有"字"。有的人的"名"和"字"，意思大致相同。小孩幼时在家，亲戚长辈常常称呼他的"名"，长大成人之后，称"字"以表示对人尊敬。张树桂想到《诗经·大雅·文王》中有句诗是"王之荩臣，无念尔祖"，"荩臣"意为君王的忠贞之臣，与"忠"字同意，便说："这个小家伙就取名为'自忠'，字'荩臣'吧。希望他长大后，能够尽忠报国，成为振兴我王朝的有用人才。"

后来，张自忠投靠爱国将领冯玉祥将军。冯将军思想进步，反对传统的君臣思想。有一次，他对张自忠说道："荩臣，你的字是'荩臣'，就是忠臣的意思。现在清王朝已经被推翻了，中国也没有皇帝了，这是我们中国社会巨大的进步。我们带兵打仗的，不再是愚忠于皇帝老儿，而是尽忠于国家人民。我想替你把'荩臣'改为'荩忱'，如何？一则两个字本来同音，二来'忱'有忠诚之意，意为我们当兵的，应流血沙场，为国家尽忠死节。"

张自忠回答道："谢谢将军，荩忱定当誓死效忠国家民族，以不辜负长官对我的期望。"

1939年夏，张自忠接受《大刚报》记者王淮冰、国新社记者高咏的采访时，对自己的名字解释道："如今民国，没有皇帝，我们当兵的，就要精忠报国，竭尽微忱，故名'荩忱'。华北沦陷，我以负罪之身，转战各地，每战必身先士卒，但求一死报国。记者先生！西北军出了个韩复榘，我张自忠绝不是韩复榘，他日流血沙场，马革裹尸，你们始知我取字'荩忱'之意。"张自忠确实没有辜负父亲张树桂和长官冯玉祥的期望，用自己的一生去践行自己的名字——尽忠报国。

2. 乐善好施

张自忠3岁左右，母亲冯夫人在他的胸前系上一个小兜兜，在里面装上小自忠喜欢吃的糖果、糕点。小自忠装着沉甸甸的糕点，摇摇摆摆地走出门去和小朋友一块玩。可是每次回家，小兜兜就空空如也了。几次之后，冯夫人感到奇怪，担心小自忠年龄太小，出门之后被邻家的小孩欺负，糕点都被大小孩抢去了，就叫来自忠的哥哥，让他带着小自忠一块出门玩耍。兄弟俩回家后，自忠的哥哥向母亲禀报："母亲，五弟太傻了。自己的糕点不知道留着慢慢吃，出门后就把糕点分给邻家小孩了，一点不剩，他还乐呵呵的，一点也不心疼。"

冯夫人为人正直、心地善良，发现自己的这个儿子秉性善良，对人友爱，心里很是高兴。她将小自忠抱在怀里，对自忠的哥哥说："你身为兄长，还没有弟弟懂事。我们做人不要太贪心，要懂得与人为善。现在我们的生活条件比村里庄户人家都好，能多接济一点穷苦人家就多接济一点。没有想到自忠这么小，能够做到与人分享了。"冯夫人亲了一下小儿子的脸蛋，温柔地说："你真是个好孩子。"从此，冯夫人继续在小自忠兜兜里装点吃食，再也没有管过兜兜里食物的去处了。张自忠怜贫好施的美德如同一株小小的幼苗，在冯夫人的呵护下，一点点地成长。

张自忠读书之后，暑假放学居家期间正好麦子成熟。一天，冯夫人见张自忠在家里闲来无事，就派他去看守佃农收割麦子。那时，贫苦人家可以去地里捡拾遗落的麦子，但是必须等到主家的麦子收割过了，车装过了才许拾。张自忠到了地里，只是漫不经心地坐在麦捆上，什么也不管。佃户们知道张家的五少爷为人善良，待人好，他们就大着胆子，公然在麦子还没有收割完之前，让孩子给自家捡拾起麦穗。张自忠见这些农民在毒日之下，收割麦子，挥汗如雨，甚是辛苦，也不管他们小孩捡拾麦穗的事情。而有的顽皮孩子竟然明目张胆地在张自忠坐的麦捆上抽麦子。张自忠见这些小孩衣服破烂，身体瘦弱，面色蜡黄，便听任孩子们胡来。当一个堆得整整齐齐的麦垛被抽得坐不住了，张自忠就跳下去坐到另一捆麦垛上。此后，农民们都希望张自忠看守他们割麦子。

张自忠在济南读法政专科时，家里每年都要给他寄一两千元钱，一收到钱，他就随手资助家境贫寒的同学，到了寒暑假归家的时候，他还是没有回家的钱。张自忠家境优渥，喜欢置办衣服。同学们知道张自忠慷慨乐施之后，常常向张自忠借衣服穿，一旦穿上了也就不还了。所以张自忠常常买衣服，而自己总是穿不上好衣服。后来，张自忠要去当兵，他就干脆把自己所有的衣服清出来，送给同学和朋友，说是从军之后，就穿短衣，再也不需要这些衣服了。进入军队之后，他当上了排长、连长，直至师长。别人当官是往家里寄钱，而张自忠当上师长之后，还要向家里要钱，渡过部队生计最难的时候或帮助解决经济上困难的伤员。

张自忠一生乐善好施，慷慨大方。在他的后半生，经常教训自己的子女："你们自己努力奋斗，不要想着靠祖上的余荫度日。我的事业是靠我的双手打拼出来的，你们甭想得到我的一分钱。以后我要把家产都捐给慈善机构，救济社会。"

如果他人遇到困难，张自忠总是尽其所能帮助他们，因而深得临清老百姓的尊重。张自忠排行老五，所以至今在临清县还流传着一句话："有啥困难，好找五叔。"

3. 孩子头

张自忠小的时候顽皮贪玩，常常带着同村的小孩玩打仗和骑马的游戏。从小他就比同龄的小孩要聪明灵活，身体也要高大健壮一些，村里的小朋友都听他指挥，把他当作"孩子头"。

当时社会动荡、匪患猖獗，唐园村四角都有坚固的碉楼，还建立民团维护治安、对抗土匪，张家甚至还单独雇了一些团丁，来看家护院。小孩们看到这些团丁拿着刀枪，四处巡逻，威武帅气，心里就非常羡慕。私底下，小孩们就最爱玩打土匪的游戏了。张自忠常常把小孩分成两队，一队当土匪，一队当守村的士兵，而他自己当守村士兵的指挥官。当游戏开始，小土匪打进村来，他就特别兴奋，小脸蛋涨得红彤彤的，手拿小木棍，率领他的士兵一起冲杀。如果他的小士兵服从指挥，作战英勇，作战胜利后他就把身上的枣子、花生等小吃奖赏给他们。对于那些临阵脱逃、不听指挥的小士兵，张自忠会瞪大乌黑的眼睛，骂道："你是个孬种，怕死鬼，长大后成不了英雄。"张自忠从小就有指挥的才能，勇敢聪敏，像个小英雄。小朋友们喜欢他，又怕他。但是做起游戏来，大家都玩得非常的开心，小孩们都喜欢围着这个"孩子头"一块玩。

张家的牲口棚里养着许多驴、马，张自忠小的时候都是坐着佃农赶的驴车出门。等到他长到 12 岁的时候，就想自己骑着驴出门游玩。小驴驹子受的调教时间短，性子烈，爱撂腿子。人只要一骑上去，就活蹦乱跳，想把背上的人甩下来。张自忠一爬到驴身上，小毛驴就上下乱跳，张自忠就从驴背上甩下来了。小自忠满脸愤怒，没有一点怕色。只见他从地上爬起来之后，拍拍屁股，气呼呼地非要骑上驴背，要把它训得服服帖帖。张家的佃农见到了，怕他被驴蹄子给踢伤或被驴摔伤，就赶快回屋向冯夫人禀报。冯夫人知道后，惊慌失措地跑出来，只见儿子双手拉着驴缰，神采飞扬地坐在驴背上。此后，张自忠骑着毛驴满村庄横冲直撞，旁人见了都替他担心，但是他却神采自如，以此为乐。慢慢地，张自忠的骑术进步了，他又改骑性子更烈的骏马。到了秋冬季节，张自忠和村里的人骑着骏马外出打猎，一路狂飙，一跑就是几十里路。后来张自忠当了将军，骑着马，转战各个沙场，指挥作战。小时候骑马的经历在打日本鬼子时还派上了大用场。

4. 好男儿志在四方

1900 年，当张自忠 9 岁的时候，他的父亲张树桂去江苏赣榆县做官。张树桂由于公务繁忙，再加上赣榆、临清两地相隔遥远，就一直没有回家探亲。冯夫人想念丈夫，常常一个人偷偷流泪。有一年中秋之夜，家里准备了一桌美味佳肴，小孩子见到后都很高兴，然而自忠却见母亲郁郁不乐，两眼通红，知道母亲又在思念父亲了，就说："娘，今天做了那么多好吃的，我可想爹爹能够回来和我们一起吃饭。爹爹去外地做官好长时间了，怎么就不回家看望我们呢？"冯夫人想了想，说道："傻孩子，你的爹爹也想天天和我们在一起。只是大丈夫谋事要志在四方，一个人要有作为，要有一番事业，光待在家里是没有出息的。"张自忠听后板起面孔，一本正经地说："大丈夫志在四方，孩儿长大了也要像爹爹那样，到远地去做事，创下一番事业，让父老乡亲刮目相看。"冯夫人听到后，发现自己的这个儿子与众不同，相信他将来一定会出人头地。而张自忠长大入伍后，在外面奔波辛劳，果然干出了一番大事业，成为整个临清县的骄傲。

1906 年，张树桂暴病卒于任上。1907 年，在冯夫人的主持下，16 岁的张自忠与临清县咨议局议员李化南之女李敏慧结婚。父亲的去世、自己的成家让张自忠逐渐懂事，读书也开始认真了。1908 年，17 岁的张自忠考入了临清高等小学堂。那个时候的高等小学堂相当于我们现在的中学。1911 年，他考入当时北方有名的法律学校——天津北洋法政学堂。当时天津北洋法政学堂主要讲授法律和政治两门课，该专业主要致力于培养政治人才，从那个学校出来的学生大多当官从政。在天津北洋法政学堂里，张自忠开始接触到除了"四书五经"之外的新思想。他看到清政府的腐败无能，老百姓的生活疾苦，心中萌发了救国救民的思想。同年，他秘密加入了同盟会，为革命奔走呼号。

1911 年，辛亥革命首先在武昌打响，接着各省宣布独立，统治中国两百多年的清王朝土崩瓦解。张自忠见山东的革命形势喜人，特意从天津北洋法政学堂转学到山东省法政专门学校。然而，辛亥革命的胜利不过昙花一现。袁世凯靠着强大的军事实力，逼迫南京革命党人退让。1912 年 3 月，袁世凯就任临时大总统，窃取革命成果。这件事如当头棒喝，让张自忠意识到仅凭学堂的死知识和学生的爱国热情，是救不了中国的。革命党人只有自己掌握了强大的武力才有革命获胜的希望，才能救国救民。在学校里，张自忠时常悲痛地对同学说："现在国家都到了如此境地，我们还守着案头死读书，咬文嚼字的打算做刀笔吏，实在叫人心里不甘愿。兵权，我们只有掌握了兵权，革命才能获得真正成功。"此时，张自忠做出了人生中最大的一个抉择：投笔从戎。

1914 年暑假期间，张自忠听说自己的哥哥自清与临清同乡车震团长的家馆先生刘冠千是同学，便想通过刘冠千的引荐，到车震那里当兵，并把这个想法告诉了母亲。

当时社会普遍认为"好铁不打钉，好男不当兵"，从军是穷苦人家为了生计迫不得已的办法，好人家的子弟应该读书当官，在政府里谋个差事。所以冯夫人认为儿子只是年轻气盛，一时冲动才有了这个奇思怪想，于是就对张自忠说："我儿啊，你好好读书，从学校毕业后，我替你在县里找个差事，舒舒服服地过日子。当兵只是穷孩子的权宜之计，你还是把心思用在书本上吧。"

张自忠耐心地向母亲解释道："在帝国列强的洋枪大炮之下，清政府不知道和侵略我们的国家签订了多少割地赔款的条约。那些国家之所以敢在中国为所欲为，就是因为我们没有强大的武装。娘，作为中华儿女，人人都应有守土之责，现在我们国家的军队中急需人才。孩儿想在军队中干出一番事业，不辜负母亲和国家对孩儿的养育之恩。"

冯夫人担忧地说："我儿，听说部队里的生活十分艰苦，长官对下属也十分严格。你从小就是我心尖上的肉，在家里哪里让你吃过苦啊？我怕你去了吃不消啊。而你在家乡谋个差事，同乡之间也有个照应。"

张自忠坚决地回答："娘，您自幼教育我，好男儿志在四方。孩儿想到外面闯出一片天地，干出一番利国利民的大事业。孩儿不能因为家里条件好，就可以在家里混日子，成为张家不肖子孙。如果您不准许我去，我就只有偷偷跑去了。"

冯夫人见他心意已决，做事拼搏有干劲，又有救国救民之心，也就不再多管他的事情，放手让他奋斗，去实践自己的理想。从此，张自忠便投笔从戎，将豪情壮志挥洒在疆场之上，献身于抗日救国的事业之中，最后成为让敌人闻风丧胆的著名抗日英雄。

第二节　投笔从戎

1．投奔车震

1914 年夏，23 岁的张自忠与骆广泰、李有琦、张连声、冯武桥等伙伴一起到奉天省（今辽宁省新民县新民屯），投靠同乡车震团长。他们通过张自清的朋友刘冠千的引荐，见到了车震团长。车震本来也是临清县人，对张自忠的身世、学历有一定的了解。他见到张自忠皮肤白皙、英俊潇洒，料想这些娇

生惯养的膏粱子弟是很难受得了军队的艰苦生活的，于是劝说道："承蒙各位老弟的错爱，不远千里来到车某军营。但是军队生活艰苦，从军是穷人子弟混饭糊口或寻找出路迫不得已的办法。各位都是大户人家的子弟，完全可以找到更好的出路，用不着在我这里吃苦卖命。尤其是张老弟，你家是临清望族，城南首富，又是法政学校的学生，等你毕业后，在地方上会前途无量，根本用不着在我这里当个小兵啊。"

张自忠向车震团长解释道："车团长，我们来当兵，并不全是为了个人前途。现在列强在中国横行霸道，为所欲为。我们想投身军界，雪国耻、救国危。"

车震说道："国家多难，年轻人自当报效国家，但是有很多为国出力的方式嘛，也用不着一定要从军。以后你们要是成了一个廉洁爱民的官员，能够造福一方，也是国家之福。"

骆广泰等人都说道："我们意志已决，要拿着武器保卫国家，希望车团长成全。"

车震挡不住这群满怀爱国激情的青年的热情，就勉强收下他们，以待观察考验。车震对他们说道："好吧，你们暂且留下，跟着我的士兵一块操练、干活。你们必须服从长官命令，遵守部队的纪律，要改掉你们富贵公子哥儿的习气。"

张自忠一行到来之时，正是东北小麦成熟的时节。车震团的粮食供给大部分都是依靠军队军垦收获的粮食。因此，他们种植了大量的小麦。为了抢收小麦，全团士兵都要下地收割小麦。六人都兴奋不已，军旅生活马上就要开始了。大家看着一望无际的麦地，眼前展开日后飞黄腾达的幻境。然而当头顶火辣的太阳，下地割麦之时，一个个就像泄气的皮球、无精打采了。这群公子哥家境富裕，家里佃农、仆人无数，别说拿镰刀了，平时就是洗漱穿戴都有人伺候，哪里吃得了这个苦。头上的太阳烤得人皮肤都快裂了，火辣辣的疼；遍地的麦穗扎得人的腿像针刺一样的疼；而拿着镰刀的手一会儿就磨起水泡。几人累得腰酸背痛，叫苦连天。没过多久，就有人累得昏倒在地了，其余几人见状，也开始抱怨，想打退堂鼓了。张自忠也累得直不起腰，见大伙儿泄气了，鼓劲道："万事开头难。我们不远千里过来投军，当一天的兵就打退堂鼓，不但让车团长笑话，回到家也没有面子。我们咬咬牙，就挺过去了。"大伙听到了，觉得此话有理，就继续干下去。但是几天下来，到底还是吃不了这个苦，除了张自忠以外，其余六人均向车震请求离军回家。车震看了看六人，又看了看张自忠，问道："你和他们一块回去吗？"张自忠斩钉截铁地回答："报告团长，我不回去。"车震语重心长道："荩臣，军队中比割麦辛苦的事情多多了，我看你还是和他们一块回去吧。要报国，读书也可以，不用留在军队中，吃苦受罪。"张自忠坚决回道："从军报国是我的志愿，再苦再累，我也不怕，希望团长能够成全。"车

震欣赏地点点头，说道：“那好吧。你现在下去领一套军服，先当一名护兵吧。”自此，张自忠凭着坚韧不拔的性格，克服娇生惯养的习性，终于成了一位正式的军人。

2. 吃得苦中苦，方为人上人

张自忠家境富裕，从小到大都没有干过活，没有吃过苦。当了兵后，除了出操训练之外，挖战壕、修公路、抬炭扛米什么体力活都做。没过多久，就腰酸背痛、双肩溃烂。车震见此，几次劝张自忠回家求学，另寻出路，但张自忠仍旧咬牙坚持，不改初衷。他在写给七弟的家信中，描述了艰苦的从军生活：

“兄自济南到新民屯业经数月，所有军中一切情形，均已尝着。同来者六人，因吃不下苦头，均已回乡，惟兄一人硬着头皮干下去。当兄来新之始，车公几次劝兄回家求学，言外膏梁子弟，如何能吃此苦。勉强一时，决不能坚持到底，故不如早去为善也。塞外奇寒，值此严冬，每日下操，手足皮肤均已冻僵，操毕回营，须先立户外，稍缓须臾方可入室，否则冷热相激，骨节溶化，手指耳鼻即脱落矣。除了操外，扛米抬炭，掘壕堆土，终日工作，休息时间甚少。以故肩肿肤裂，筋骨酸痛，其苦况实有不堪言状者。当兄创重时，肩膀肿溃，不能荷物，同棚中友好，代兄工作，以兄替其写家信也。家中一切请弟代劳，并请禀告母亲，待我有成就后，再回家叩见，祝母亲玉体金安。"

有一次，张自忠随队伍一块在雨雪天中挖战壕。由于天气寒冷，衣物单薄以及长期的体力透支，张自忠中了风寒，发高烧达40℃，人也迷迷糊糊。棚中有一个士兵和张自忠要好，一直照顾张自忠。后来烧渐渐地退了，张自忠的身体也逐渐好转，这个士兵就劝道："我看你还是回家吧。军队里生活艰苦，医疗条件又差，还要冲锋陷阵，说不定哪天小命就没有了。你家条件那么好，又读过书，我们都很羡慕你。你为何好好的少爷不当，跑到这里受罪呢？"

张自忠回答："吃得苦中苦，方为人上人。孟子曾经说过'天将降大任于斯人也，必先苦其心志，劳其筋骨，饿其体肤……增益其所不能。'现在受苦的只是我的形体，但是我的内心无比愉快。我来从军，一则为了保家卫国，报效祖国，二来是为了在外闯出一番事业，光耀门庭。如果靠着祖上的荫庇过日子，我可能一辈子也不会快乐。"

战友们听到他这么说，心里都很钦佩他。

3. 兵败归家

车震收下张自忠后，为了培养他军人的毅力和品质，就让他从一个普通的士兵做起。在此期间，张自忠执行任务坚决果断，尽职尽责，没有一点纨绔子弟的习气，深得长官的欢心。七个月后，张自忠升任为司务长，之后又被擢升为湖南第一师师部参谋。

1915 年 12 月底，袁世凯复辟称帝，南方各省兴师护法，纷纷起来讨伐袁世凯。此时车震所在的部队扩编为暂编第一师，被派遣到湖南，镇压当地的护国军。不久，革命党人赵恒惕率军攻打长沙时，湖南都督汤芗铭狼狈逃跑，留下车震的部队独自作战。由于袁世凯的政权不得人心，车震的部队很快被革命军打败，全师官兵狼狈溃逃。车震本人也卸甲归田，回到临清。张自忠身无分文、独自一人流浪着往家里走。当他饥寒交迫之际，在汉口遇到了一个临清老乡。这个好心的老乡送给了张自忠一些衣物和一笔盘缠，他才得以回家。自此，张自忠惨淡经营了两年的军旅生涯，宣告失败。但是，张自忠却并不气馁，还是想着在军队中干出一番大事业来。

第二章　锋芒初露

第一节　再度从军

1. 投奔冯玉祥

张自忠对第一次的从军失败心有不甘，在家待上一段时间后决定再次从军。他拜访隐居故里的老上司车震，告明自己从军救国的壮志。车震欣赏张自忠的才智和品质，觉得如果张自忠就此埋没在家乡，对他个人和国家都甚为可惜，决定把他推荐给自己的兄弟冯玉祥。

冯玉祥，字焕章，中华民国时期著名的军阀、西北军的领

抗日英雄
张自忠

袖、爱国将领，1882年出生于直隶省保定府（今河北省保定市）的一个清兵家庭。1916年，车震带领着25岁的张自忠到廊坊拜访时任陆军第16混成旅旅长冯玉祥。冯玉祥看着眼前这个青年，英气勃发、沉着刚健，尤其是两颗眼睛迸发出坚定从容之气，心中甚为满意。冯玉祥相信眼前这块璞玉，假以时日，加以打造，一定会成为稀世之宝。

冯玉祥首先委任他为中尉差遣。差遣，又称为"见习官"，在当时的军队中是一种编外附员，要随初级官长见习一段时间才能正式就任军官。冯玉祥希望让张自忠随初级军官学习军事，希望他能够在基层获得锻炼。自此，张自忠追随冯玉祥南征北战14年，在人才济济的西北军官中如一匹黑马，后劲勃发，一路奔驰，快速地从差遣、连长、营长、团长，上升为师长、副军长。张自忠也凭着高超的练兵治军才能，为西北军培养出了大量的军事人才，为西北军的发展立下汗马功劳。

2. 标准团员

冯玉祥驻防常德的两年期间，组织官兵进行大规模的系统训练。1918年9月，冯玉祥又在常德设立军官教导团，鹿钟麟担任团长，刘郁芬、石敬亭、门致中等任教官，从"学"和"术"两个方面入手，培训学员的军事素质。这使得冯部初中级军官的素质得到快速提升，为冯部日后的发展壮大提供了一批优秀军事人才的支持。而在这批学员中，张自忠又是其中的佼佼者。

1919 年初，张自忠凭着优秀的表现，获得了在军官教导团学习深造的资格。在此期间，学习战术、率兵术、地形、兵器、兵史、筑城、简易绘测及典、范、令等科目。张自忠在法政专门学校里读过几年的政治、法律科目，文化功底好，而且爱好军事，崇尚武力，崇拜岳飞、拿破仑等武将，对战术、兵器、绘测等科目兴趣极为浓厚，再加上读书勤奋好学、为人处事真诚友爱，每次考试都名列前茅，因此，深得当时军官教导团团长鹿钟麟的赏识。有一次冯玉祥问鹿钟麟："你的学员情况怎么样？有没有可造之才？"

鹿钟麟回答道："这批学员中，张自忠可以说是鹤立鸡群。学习底子好，又勤学肯干，每次考试成绩都好，可以堪称我们军干教导团的'标准团员'，此人以后一定能够成为一名优秀的军事人才。"冯玉祥听后，对张自忠更有好感。在张自忠半年的学习期满之后，冯玉祥就将他升为学兵连的连长。张自忠对 126 名学兵严格要求、认真训练，在全旅的军事考核中，勇夺第一，被冯玉祥封为"模范连"。而在这个"模范连"里，就出了 5 个军长，5 个师长，旅长、营长更是不在少数。1922 年，冯玉祥成为河南督军，新增了一个学兵团，张自忠担任学兵团的第一营营长。1924 年，张自忠再次升为学兵团的团长，全权主持学兵团的工作。1927 年，张自忠升任为二十八师师长和第二集团军军官学校校长。张自忠在冯部里最突出的功绩是军事教育工作，堪称冯玉祥的教练大师。他练兵有术，治军严明，在他的训练下造就了一批批训练有素、能打硬仗的队伍，更是为中国军队培养出了上千名优秀的中下级干部。张自忠从军比其同辈要晚五六年，资历比冯玉祥手下的"五虎将""十三太保"要浅，然而他能够后来居上，成为冯麾下的一员高级将领，与张自忠的军事教育工作广受好评有极大的关系。

第二节　练兵大师

1.　"张剥皮"

张自忠发现士兵违法军纪或者训练懈怠，总爱瞪着圆眼珠，厉声骂道："你这个害群之马！看我不剥了你的皮！"或者"你这个败类！小心我剥了你的皮！"士兵们私底下就给他取了一个绰号，叫"张剥皮"。当然，这不是指张自忠真的剥掉下属的皮，而是指他严格治军，要求自己和自己的士兵要吃得下常人所不能吃的苦，受得了常人不能受的罪。

张自忠治军严明，绝不是只对他人严格，对自己宽松。无论练兵、做事，他总是身先士卒，以身作则，凡事走到前头。冯玉祥在北京担任检阅使期间，设立了一个培训初级干部的学兵团，张自忠任学兵团第一营的营长，负责学兵的培训工作。按照规定，学兵团每天清晨都有朝会。全营官兵一听到号声，立即跑步到集合地点，张自忠更是早早到达操场，从无一次缺席或迟到朝会。在一次朝会上，张自忠对着一群新兵说道："你们知道我的绰号吗？"学兵们支支吾吾，不敢回答。张自忠拿着军棍，说道："他们都叫我'张剥皮'，你们给我好好训练，如果出错、偷懒，我就剥了你们的皮！"

张自忠训练士兵，非常重视长途行军的训练。他经常亲自带着所有官兵进行行军训练。他对官兵讲，练习行军是锻炼军人体力的一项重要训练。凡是能征善战的军队，都是兵强马壮的。在行军练习中，他总是要求官兵带上全部武装，赤着脚上路。最先行军每次往返50里，后来逐步增加到80里、100里、150里，甚至200里。行军练习，一般的长官总是骑马殿后，而张自忠总是把自己的马给伤病员骑，自己则步行与士兵走完全部路程。一会儿，张自忠走在最前面，拿着小旗，带头走路；一会儿又走到最后面，鼓励体力不支的士兵坚持下去。

张自忠最初训练学兵行军，发现士兵们一个个侧着脚走路，踉踉跄跄，东倒西歪，无精打采的。士兵抱怨脚上都磨起了水泡、血泡。张自忠鼓励大家道："当兵不是做老爷小姐，忍受痛苦，战胜困难是我们的本分。在战场上受了伤也不能退却，该退时不能走也得走，起几个血泡、水泡，总比受伤要轻松得多，为什么就受不了呢？"他将两只长满了泡的脚抬起来给大家看，然后说道："这脚不就是起了几个泡嘛，要治其实很简单。"说着就将两只脚猛地在地上来回地搓，水泡破了，地上立刻出现了几道红印子。张自忠面不改色地说："这样可以消毒，还不会溃烂。当兵的，就不要怕磨破皮，剥掉皮。好了，我们继续走吧。"张自忠继续昂首挺胸向前走去。士兵们见状，个个面带愧色。大家精神抖擞地跟着前进，再也不以此为苦了。

正是在张自忠的严格训练下，士兵们进步很快，不久就习惯了强行军，大部分士兵一口气都能走完 200 里的道路。有一次，张自忠问学兵团的学兵："你们感觉怎么样啊？"有个学兵回答道："都已经给剥了几层皮了。"大伙听后，都哈哈大笑。

2. 爱兵如子

张自忠对待士兵，并不是一味地严格，同样恩威并重，爱兵如子。冯将军在《痛悼张自忠将军》一文中说道："他真是视兵如子，纪律是严的，感情是厚的，所谓恩威并重，他却能做到。"张自忠治理军队，就是把军营当家，把士兵当子，与士兵同甘共苦，打成一片。

在对军官的培训中，张自忠特别强调军官应该官兵平等、以身作则。张自忠告诫下级军官道："冯将军曾说'兵要会的，官一定要先会；兵要学的，官一定要先学；兵要做的，官一定要先做'。你们作为军中的将领，身先士卒是这个队伍能否壮大的重要原因。在行军等训练中，张自忠曾告诫下级官兵："官兵从早到晚，整天爬山越岭，饥渴疲惫；解散后，各主官骑马飞奔回营，最使士兵伤心。今后解散回营时，应该营长在本营后，团长在本团后，要同队伍一块回营。"抗战十四年里，"部队前进，主官在前；部队后退，主官在尾"成了张自忠军队的一大特色，深受世人敬佩。

同时，他深知群体社会中"不患寡而患不均"的心态，吃苦受饿士兵能忍受，而官兵之间经济、地位上的巨大悬殊常常会使得士兵对长官心生怨恨，官兵之间关系离散。因此，他一路从见习官做到连长、师长，却没有一点官架子，跟普通士兵一样的吃、穿、住、用。

平时，他总爱穿普通士兵的蓝色棉布军装，里里外外都和普通士兵穿得一样。冬天，如果士兵还没有穿上棉衣，他是绝不会穿棉衣的。北方冬季寒冷，李夫人怕张自忠冻着了，亲手为他织了一件毛衣，但是又怕受他责备，一直把毛衣放在衣柜里，不敢拿出来给他穿。

张自忠也长期住在军营里，和士兵们一起过集体生活。在冯玉祥的部队中，营以上级别的军队，可以每周回家一次，一般的军官都很珍惜回家的机会，但是张自忠却把军营当家，就是李夫人随军期间，也不常常回家。

在吃饭上，他常常到队里的厨房去吃饭，边吃边看菜饭做

抗日英雄
张自忠

得怎么样。如果发现不合标准的，就立即召来值日排长训话。

张自忠自从跟了冯玉祥之后，冯玉祥的部队人数一直在增加，而军饷发放数量却没什么增加。一个名额的军饷常常几个人来用，士兵的生活非常艰苦。张自忠为了让士兵吃饱吃好，大力改进食堂的工作，要求军队里面的伙夫多花点心思，在现有经费的基础上，多变出点花样，让士兵们能够吃到可口的饭菜。

一般的官兵，努力地奋斗、攒钱，有了结余就把钱汇回家，但是张自忠的官越做越大，却没有给家里寄一分钱回去，而且在部队经济困难，战友需要接济的时候，甚至写信向家里要钱，帮助部队渡过经济难关。在抗日战争的时候，国家的一切都以服务抗日救亡运动为首要，然后当全国人民都勒紧裤腰带支持抗战时，有的军官却大发国难钱，克扣部下的军饷，挪用军费等现象层出不穷，使得在前线卖命的士兵没吃、没穿、没医疗，生存条件十分艰苦。甚至有的部队因为军饷被长官贪污挪用，长途行军时士兵由于体力不支而大量倒地死在路边。张自忠常常对人说："岳武穆有句名言是'文官不贪财，武官不怕死'，我认为要救国于危难之际，做官的要'文官不贪财，也不怕死；武官不怕死，也不贪财'才行啊！"张自忠的部队，由于非蒋介石的嫡系部队而常常受到排挤，经费上非常吃紧。张自忠严格监管军队财务动向，要求每一分钱都要用到刀刃上。在张自忠殉国之后，部下为他清理遗物，翻遍他的卧室，也找不到他为家人留下的财物。张自忠就是这样舍己为公，把自己的一切都奉献给军队，奉献给中国的抗日事业。

3. 苦中作乐

面对艰苦的军中生活，张自忠经常想方设法使士兵能苦中作乐，使他们获得更多的生活乐趣和集体归属感。

士兵们一旦入伍，就得常年在外，不得回家。一旦逢年过节，士兵就特别地想念家乡。张自忠为了排散官兵们的乡愁，常常在节日里组织活动，为士兵提供乐子，其中最常做的游戏就是"掘钱"。开始之前，张自忠准备几十块的银圆，在操场上东一处西一处地埋藏起来。有的地方埋上八九元，有的地方只埋一二元，或者在某个地方故意把土弄松，却一点钱也不埋。节日那天，张自忠将官兵们都集合起来，要他们在哨音响之后去挖掘银圆。谁掘到了，那银圆就归谁。哨音一响，士兵们都争先恐后地在操场上挖掘银圆，大家嘻嘻哈哈，笑闹一场，无论掘到钱的人还是没有掘到钱的人，都十分快乐，把什么忧愁都抛之脑后。

在行军途中，士兵们又困又乏，十分辛苦。张自忠则选拔出几个军中的小歌星，带领大家一块唱歌。在歌声中，士兵们精神焕发、士气大增，也就不再觉得苦了。在各种军事训练中，张自忠经常以竞赛的方式进行训练。因为有物质和精神的奖励，士兵们训练起来格外投入，一项艰苦的训练就在相互的比赛中

抗日英雄
张自忠

漂亮地完成了。

在军营里，张自忠还增设了体育场地、图书馆和俱乐部，并且从自己的军饷里拿出一部分钱，来购置各种体育器材、文化书籍以及各种游戏用具，甚至还组织一些识字竞赛或者扑克牌比赛，来丰富士兵的业余生活。在休息时间，士兵们可以自由地阅读书籍、体育锻炼或者进行一些游戏活动。

4．亲民爱国军

冯玉祥训练军队特别强调爱国爱民的教育，张自忠在爱国爱民教育上也花了很多工夫。因此，西北军在以后的抗日战争中，表现得英勇善战，这很大程度上与冯玉祥、张自忠等的爱国爱民的教育有关。西北军以及后来的二十九军能够成为一支老百姓支持的"爱国军""亲民军"的重要原因就在于对官兵精神教育的重视。

每天朝会上，张自忠都会在指挥台上高呼："你们的父母是什么人？"

众答："老百姓！"

问："你们的兄弟姐妹是什么人？"

众答："老百姓！"

问："你们参军、入学前是什么人？"

众答："老百姓！"

问："那我们应不应该保护老百姓？"

众答："应该！"

冯玉祥、张自忠等不但对士兵进行爱国爱民的口头教育，而且还经常帮助当地百姓从事农业生产、植树造林、修建河堤等。在冯玉祥任陆军检阅使期间，北京城郊永定河两岸河堤有的堤段已经年久失修，冯玉祥听说后，毅然决定派兵修堤，以绝河患。而张自忠所在的学兵团正是被派驻过去抢修河堤，疏通河道的部队之一。

张自忠率学兵团开赴永定河畔，开始了艰苦的抢险任务。在工作中，张自忠不但亲自前往河堤检查、指挥，而且身先士卒、同士兵一起挖土、抬筐。由于前一年此段堤岸已经决口，淤泥堆积，泥泞不堪，担着条筐在污泥中异常艰难。此时，张自忠的手磨破了，肩压肿了，两眼发红了，但是照样干。全学兵团的士兵看到团长在辛苦劳作，没有一个人偷工懈怠、牢骚抱怨。眼看要竣工了，洪水却提前到来。张自忠振臂高呼，急忙指派一些人挖导水沟，一面叫人堵住水头。可是水势凶猛，撂下去的石块、土块在水中翻几个跟头，就冲走了。张自忠急中生智，几步冲进水里，官兵们也跟着跳了下去。一排人在洪水中手挽手筑起一堵人墙。就在这时，另一边的导水沟也挖好了，洪水沿着导水沟分流而走，不久水位降下去了。正是张自忠为首的广大官兵具有亲民爱国之情，才使得他们能以巨大的勇气和洪水拼搏，最终战胜洪水，从而避免了一场水灾。

第三章 东山再起

第一节 中原鏖战

1. 西北军失败

二次北伐成功后，蒋介石为了削弱冯玉祥、阎锡山、李宗仁的军事力量，要求其他军事实力派进行裁军，自己却在暗中不断增强实力。蒋介石这种损人利己的行为，引起了冯、阎、李的强烈不满。后来，李宗仁、冯玉祥分别进行倒蒋战争，均告失败。1930年4月，冯、阎、李联合讨蒋，自此声势浩大的中原大战爆发。

5月，冯玉祥将26万精锐部队兵分8路投入到河南主战场。战争早期阶段，由于西北军将领骁勇善战、士兵悍不畏死，冯蒋战斗中，西北军连战连捷，打得蒋军士气低落，不敢出战。7月，蒋介石为了扭转战局，决定在陇海线发起主要攻势。冯玉祥将在平汉线上占得战斗优势的张自忠、孙连仲部等调到陇海线上，与其他西北诸军联合形成"口袋"战术，企图围歼蒋介石的主力部队。

此时，张自忠所率领的第六师正面之敌正是蒋介石的部下张治中所带来的教导第二师。张自忠与张治中都是中国现代史上功绩赫赫、威名远播的战将，而两人名字由于读音十分相近，

而常常被人搞混淆。这一次，两人戏剧性的兵戎相见、一决雌雄。当时张治中的教导第二师是由蒋介石所聘任的德国顾问精心训练出来的两个"近卫师"之一，拥有当时中国军队最精锐的装备，堪称蒋介石的王牌军队。而张自忠的部队则只有大刀加步枪，然而在张自忠的领导下，士兵毫不怯战。张治中的教导第二师被打得落花流水，死伤累累。蒋介石此处的其他部队也遭到重创，一部经太康向周口溃退，一部经睢县向归德溃退，张治中部担任掩护任务。张自忠的第六师乘胜追击，再歼教导第二师的一部。教导第二师经此一役，伤亡惨重，元气大伤。虽然张自忠作战英勇无畏，连战连捷，但是局部的胜利却无法左右全局。

由于外无援军，内无弹粮，再加上连日的瓢泼大雨和蒋军猛烈的炮火，西北军在八月攻势中，伤亡惨重，饿死、淹死、冻死以及逃跑的士兵不计其数，倒蒋军的优势丧失。9月，一直持观望态度的张学良通电拥蒋，挥师入关，占领华北。在蒋、张大军南北夹击中，战局急转直下。9月下旬，在蒋的打击收买下，西北诸将纷纷投靠蒋部。10月8日，冯玉祥通电下野，西北军土崩瓦解，中原大战中反蒋联军以失败告终。自此西北军的时代宣告结束。

此时，蒋介石也向张自忠空投委任状，任命他为二十三路军总指挥。面对这种情况，张自忠把高级将领召来协商。部分将领认为，西北军全军覆没，已成定局，其他诸将纷纷投靠蒋介石，接受改编。现在处于危难之际，第六师没弹没粮，也没有地盘，如此下去，恐怕以后不是自行解散就是被歼灭。而如果能够接受蒋介石的改编，不但可以保持实力、维持第六师命脉，说不定还可以壮大军队，东山再起。张自忠则反复思考，想到跟随冯玉祥将军14年，南征北战、共同奋斗，自己从一个小小的见习官升为师长、副军长，此时冯将军处于人生最艰难困苦之际，自己应该与冯将军同呼吸、同命运。

于是张自忠坚定地对部下说："你们的心情我都理解。但是我们作为军人，最要紧的是忠诚。现在西北军失败了，很多人背叛冯先生，但我张自忠不能这么做，这是个气节问题。再说，蒋介石虽然给我封了官，可我们毕竟是败军，投到人家那里难保不受人宰割。你们怕不怕受罪，如果怕，就留下，不必再跟我受苦；如果不怕，就跟我渡河北撤，退到晋南地区，追随冯先生去。"众部将见张自忠意志坚决，就都愿意跟随他退到晋南。

2. 力挽狂澜

张自忠听说冯玉祥北渡，命令部队渡河退到晋南曲沃一带。此时，退守在晋南的西北军还有张人杰、鲍刚、张遂印、刘汝明、过之纲、庞炳勋、孙殿英、刘骥、宋哲元、赵登禹、魏凤楼等的残余部队，所有兵力加起来大约有三四万人。在这些部队中，就只有张自忠还有两个旅和手枪团大部分，约五千多人，是残部中人员和武器最完整的部队。冯玉祥见状，亲自出马收编残余部队。虽然张自忠愿意跟随冯玉祥，但是暂驻晋南西北军残部的大多数将领因冯玉祥接连两次倒蒋失败而造成西北军惨重的损失，而不愿再跟随冯玉祥了。

蒋介石为了将精力放在对红军革命根据地的"围剿"上，就将收编西北军的任务交给张学良。西北军大将孙良诚、宋哲元得知此事，都想游说张学良，获得收编资格，掌握西北军队。然而此时孙良诚、宋哲元都无兵力，在所有晋南残军中，就张自忠的兵力最强大。在这种情形之下，张自忠就成了举足轻重的人物。他如拥宋，宋就有军队的资本；他如拥孙，他便可挟军队以自重。因此，宋、孙两人都在想方设法地拉拢张自忠，想用他作为资本，向张学良请求收编。张学良经过各方权衡之后，却给张自忠送去军长委任状，让张自忠收编晋南残部。

张自忠拿着这张委任状脸红耳热，热血沸腾。如果接受张学良的委任，一方面西北残军就获得重整旗鼓的希望，另一方面自己能够掌握更多的兵权，那么更有可能实现他拯救祖国、民族的壮志。但是他也知道此事关系重大，任务艰难，为慎重起见，他找到了他的老长官、冯玉祥曾经的参谋长石敬亭商议此事。

石敬亭对西北军的局势十分清楚，与张自忠关系又十分要好，就直言不讳地对张自忠说：“这是挽救西北军的好机会。只是这个烂摊子恐怕你收拾不了。西北军的将领都是行伍出身、讲究论资排辈。孙良诚、宋哲元、刘汝明的资历都比你老，你带不了他们。宋哲元在西北军中，资历高、有才能、人品好、战功赫赫，应是目前收拾残局的最佳人选。为今之计，你最好把宋哲元请回来，和宋哲元一块合力完成此事。”

宋哲元是冯玉祥的“五虎将”之一，是中原大战之后唯一留在西北军军中的一位。张自忠与宋哲元的关系也非比寻常，在他遭受冤屈和排挤之时，宋哲元曾伸出援手，委以重任，张自忠为人耿介，并有患难相助、感恩图报的侠义心肠，对于宋的知遇之恩，他早有回报之意。经过石敬亭一说，就决定派出部将刘振三与宋接洽，拥护宋哲元收拾晋南残局。没过多久，宋哲元的幕僚萧振瀛为改编之事来游说张自忠。张自忠当即向

萧振瀛表明自己拥宋之心，并表示会在张学良面前力荐宋哲元。于是，张自忠和宋哲元一起到达北平，面见张学良。

张学良却先单独召见了张自忠，问道："我决定把你们西北的残部组建为一个军，你来当军长，怎么样？"

张自忠诚恳地回答道："我的资望浅，德不足以服人，才不足以驭众。宋先生是我们的老长官，资深望重，是位忠厚长者。我们均愿推宋先生领导。"

正是在张自忠的主动让位和极力推荐之下，宋哲元获得了编军大权。

1931年1月，军队改编完成。6月，南京政府将改编的西北军赋予第二十九军的番号。宋哲元任军长，秦德纯、刘汝明、吕秀文为副军长，张自忠任第三十八师师长，下辖董玉振、张春棣、张人杰三个旅；冯治安在张自忠的力荐之下，担任第三十七师师长，下辖赵登禹、鲍刚、李金田三个旅。全军2万余人。

为了巩固团体，谋求发展，大家一致拥护宋哲元为"头儿"，张自忠为"二头儿"，三、四、五依次为冯治安、赵登禹、刘汝明。日后如有发展，宋哲元永远为首领外，张、冯、赵、刘照此顺序，依次擢升。

在中原大战西北军失败的背景下，通过宋哲元、张自忠等人的努力，二十九军成立。在部队的改编中，张自忠顾全大局、舍弃私利，力挽狂澜，总算为西北军保存了一点香火，为这支西北军的独苗重整旗鼓、东山再起创造了机会。

第二节 长城抗日

1. 大刀队威震长城

大刀进行曲

——献给二十九军大刀队

大刀向鬼子们的头上砍去，

二十九军的兄弟们，

抗战的一天到来了，

抗战的一天到来了。

前面有东北的义勇军，

后面有全国的老百姓，

咱们二十九军不是孤军，

看准那敌人，把他消灭，把他消灭，

冲啊，大刀向鬼子们的头上砍去。杀！

1931年3月，日本进攻长城各个重要隘口，宋哲元、张自忠所率领的二十九军在长城的喜峰口、罗文峪与日本侵略者浴血奋战，用大刀队成功奇袭日军，杀死大量的日本士兵，获得长城抗战中喜峰口、罗文峪战役的胜利。二十九军的大刀队威震长城，扬名神州，极大地鼓舞了中国人民的抗日热情。作曲家麦新怀着满腔的爱国热情，激情澎湃地创作了这首歌颂二十九军兄弟不畏强暴、勇猛杀敌的抗战歌曲，这首歌在神州大地上代代传唱，声声不息，不断地传递着二十九军大刀队所表现出来的奋勇抗战的中国军人的精神。

自从"九一八"事变以后，日本不费一兵一卒侵占了中国的东三省。1931年元月，日本出兵热河地区。热河省主席汤玉麟贪污腐败，治军无能。尽管当时在热河省的中国防军有

20万之多，日本人还没出兵，数十万的东北军放弃热河的险要地势，不战而降，全军溃逃。日本人仅仅用了128个骑兵就轻轻松松地占领了被汤玉麟放弃的热河省。由此，日本人的部队开始从关外挺进长城。长城再次成了中国防御外敌的主战场。

长城连绵几万里，巍峨地矗立在北方之巅，阻挡着意图侵犯中原的北方游牧民族，保卫着中华民族的家园。长城还是那个长城，而此时长城所要防御的那个敌人已经不是以前那些游牧民族的刀弓铁骑，而是一支具有先进的海陆空军的现代化日本军队。

在长城抗战时期，中国整个军队装备与日军装备差距巨大。当时中国刚刚经历了军阀混战，蒋介石成立了一个在名义上统一的中国。但是，此时的中国百业凋敝，积贫积弱，武器的研发和生产能力极差。而1917年至1927年之间，国际社会又宣布对中华民国施行全面的武器禁运。中国既造不出武器，又买不到武器，大多数中国军队也只有装备落后的步枪、手榴弹和大刀。而"一战"中各国军队重点使用的重机枪和轻机枪在中国的部队中也是极少的。至于装甲车、飞机等先进的作战工具，中国更是少之又少。

而日本军队作战已经是火炮为主，步兵突击，空军装甲兵随之配合的海陆空立体式作战方式。在轻武器方面，日军的所有士兵都装备了射击精度极高的三八式步枪。每队都装备两挺轻机枪，两个掷弹筒。一个甲种师团，师团直属炮兵就装备54门75毫米野战榴弹炮，而且每个联队的直属炮兵还装备6门70毫米九二步兵炮。

而在长城抗战中，与日本人作战的二十九军，士兵使用的是机械陈旧的汉阳造步枪或三八式步枪以及一些老毛瑟枪和劣质的自造枪。另外，这些枪使用的弹药达3种之多，常常弄得士兵有弹无枪，有枪无弹。在机关枪方面，每连才有两挺轻型机关枪。在重武器方面，二十九军全军才只有老式山炮10门。为了弥补武器弹药的不足，二十九军的士兵当时每人配备了一把大刀，用于短程作战。如此低劣装备的二十九军，被人戏称为大刀军队。然而就是这支大刀军队在张自忠等杰出爱国将领的训练下，成了一支忠贞爱国、战斗力强的勇武之军。他们用着简易的武器，在喜峰口与日本军队的作战中，斗志昂扬，前仆后继，誓死抵抗，打出了中国军人的骨气。

2. 喜峰口战役

喜峰口，曾叫喜逢口，是长城东线的一个主要关口。据说，曾经有个老农到边塞寻找自己当兵的儿子，走到河北省燕山山脉的一个险要关隘，刚好与儿子相逢。父亲历经千山万水，终于见到自己的儿子，高兴地说："天降吾儿啊！"老父亲一时高兴过了头，喜极而亡。因此，此地就命名为喜逢口，后来又改名为喜峰口。而这次，二十九路军在此相遇的不是慈祥仁爱的老父亲，而是狠如狼、猛如虎的日本军队。

由于喜峰口是塞北通往北平的交通要冲，有公路通向北平和热河，是中日双方争夺的重点区域之一。按照张学良的部署，东北军的万福麟部驻守冷口、喜峰口。日本派出独立混成第十四旅团和第八师团、第四旅团及伪满军一部，共3万余人进攻喜峰口。万福麟部在日军先头部队的打击下，其前线士兵已经退出喜峰口的制高点，退到喜峰口南三四里的喜峰口寨。张学良紧急调集二十九军支援万福麟部，守住喜峰口，阻止日军前进。

宋哲元调遣军队快速赶往喜峰口。二十九军的士兵着整洁的灰白军装，队伍整齐地赶到了喜峰口的防御沿线地区。此时，万福麟部已经被日军打得士气低沉，军心涣散。沿途都是从热河地区跑出来逃往关内的东北溃兵或百姓，大家一致往南逃命，而此时，一支队伍却逆势而行。一名士兵向溃兵打听喜峰口的情况，这名跑得气喘吁吁、狼狈不堪的溃兵说："日本人已经占领了喜峰口的制高点了。你们是哪一家的？现在日本的飞机大炮都已经开到了，还不快往南跑，否则就没命了。"士兵则斩钉截铁地说："我们是二十九军。敌有枪炮，我有大刀，我们非把他们揍回去不可。"溃兵轻蔑地笑道："别说你是二十九军，就是九十九军也挡不住。"然而二十九军的士兵则背着步枪和大刀仍旧斗志昂扬地奔赴战场。

部队出发前，张自忠召集全师营以上干部开会，作战前动员。他慷慨激昂地说："日本人并没有三头六臂，只要我们全国军民齐心协力，与日寇拼命，就能将日寇打出中国去。国家养兵千日，用兵一时，为国捐躯，重如泰山！"他还要求部队特别注意两点：第一，要与当地老百姓打成一片，不动老百姓一草一木；第二，战斗中要节省子弹，不瞄准敌人不准打枪。

3月7日，二十九军的三十八师师长张自忠和三十七师师长冯治安抵达距离喜峰口30公里的遵化三屯营指挥所。

3月9日上午，宋哲元任命张自忠为第二十九军前线总指挥，冯治安为副总指挥。下午，赵登禹旅长所率领的一〇九旅相继抵达喜峰口，接替了万部在喜峰口的防务。此时日军先头部队已经攻占了喜峰口东北制高点孟子岭，居高临下地向一〇九旅开炮，形势对二十九军极为不利。

3月10日，敌方下令限两日内攻下喜峰口。于是服部、铃木两旅团便猛烈地向二十九军开火。二十九军将士严防死守，与日对抗。正当一〇九旅伤亡惨重、抵抗乏力之时，三十七师王治邦的一一〇旅和三十八师佟泽光的一一三旅夜奔百余里，奇迹般地赶到战场，士气大振。这次作战，二十九军全军出动，为了便于指挥，张自忠任命赵登禹为二十九军喜峰口方面作战军前敌总指挥。此时，敌人炮火越来越猛烈。赵旅长命士兵离开战壕，躲到树林里去。而当敌人炮火减弱，则悄悄回到战壕，静等敌人步兵距壕数十米时，鸣号出击，向敌人开枪厮杀。赵登禹身先士卒，冲上前去与敌人白刃厮杀，奋勇杀敌。

这两天虽然二十九军抵挡住了敌人的进攻，但是已经付出一千多人的伤亡。张自忠、冯治安等二十九军高级将领召开紧急会议。

张自忠说道："目前的形势对我军极为不利。在我军赶来之前，敌人已经占领了喜峰口的制高点——孟子岭。在地形上，敌人已经占据了有利地势。另外，此次侵犯喜峰口的日寇主要是服部兵次郎少将的独立混成第十四旅团和铃木美通少将的第八师团第四旅团，如果再加上由众多其他人员构成的日伪军，兵力达到3万多人。他们希望从喜峰口、罗文峪一带突破，直至平津。现在敌人极其凶猛，我们的任务极其重要。如果喜峰口被攻克，恐怕整个华北都会落到日本人之手。到时，我二十九军即成为历史的罪人。"

冯治安悲愤地说道："这两天与敌人鏖战，我军虽然守住了关口，但一千多个兄弟却壮烈牺牲了。敌人再用炮火猛攻下去，就以兄弟手中的步枪和大刀，就算把全军士兵的性命都搭上去，恐怕也守不住防线。"

张自忠站起身来，沉思一会说道："我们可以化劣势为优势，利用兄弟们的大刀，在夜间组织敢死队，夜袭敌营。"张自忠快步走到军事地图旁，说道："探子来报，在滦河右岸的蔡家峪、白台子有敌人的炮兵阵地，滦河左岸的北山土、三家子、横城子有敌人的重机枪阵地。这些队伍对二十九军的正面攻击有严重的威胁。如果我们能够组织一千名大刀队员进行夜袭，将那里的士兵和武器解决掉，将对敌人形成有力的打击。"

赵登禹兴奋地说道："我也是这么想的，乘着夜色奇袭日军营地，杀掉他们的士兵，炸掉他们的武器装备，这样我们才能获得战场的主动权。如果张师长和冯师长都有此意，我就马上去制定前线具体的作战方略，组织大刀队员，夜袭日军营地。"

11日晚，虽然赵登禹已经受伤，但是他和三十八师的董

抗日英雄

张自忠

升堂团长还是亲自率领第二二四团袭击滦河左岸的北山土、三家子、横城子的敌人。三十七师的王长海团长则率领第二一七团袭击滦河右岸的蔡家峪、白台子的敌人。

3月的长城地区春寒料峭、冻人肌骨，那夜，皓月当空，雨雪骤止，似乎老天爷也在帮助二十九军的勇士们。二十九军的敢死队员们在当地山民的带领下，乘着月色或者行走在山间的羊肠小道，或者攀爬着悬崖绝壁。渴了，随手抓一把路上的积雪吃；饿了，吃一口身上携带的干馍馍。一路上，大家静悄悄地不说一句闲话，只听到脚步踩到积雪上吱吱的声音。大家的一腔怒火，蕴藏于胸，似乎在蓄积、蓄积，直到在战场上一股脑喷向鬼子。

日军自从顺利地夺得热河全省，就分外骄傲，认为中国军人根本不足畏惧。当敢死队员到达北山土时，日本兵一个个在营帐中脱衣而眠，鼾声大作。我大刀队员悄悄地转入敌人的帐篷，将白晃晃的刀片放到敌人的颈上，用力一抹，血液从刀口处喷出，一个个敌人在睡梦之中，就成为大刀队员的刀下亡魂。而那些从梦中醒来的敌人，也记不得拿刀枪，赤身裸体地向外逃跑，也被我大刀队员挥舞着大刀，将其砍杀。

大刀队员在袭击三家子时，被敌人发现，与敌人进行了激烈的战斗。由于敌人的援军越来越多，至12日14时，我大刀队员撤回至长城以内。

而王长海率队对蔡家峪炮兵阵地的敌人进行了偷袭，估计砍死敌人炮兵600余名，摧毁了野炮、弹药库、汽车等重要军需物资，并且缴获了20余挺机枪、1架摄像机以及多种军用地图。

另外夜袭董家口的杨干三营也大胜而归。我大刀队员如神兵天将，杀得敌人措手不及。经此一役之后，日本士兵一见到二十九军士兵手中的大刀就胆战心惊。此后日军还给士兵发放铁皮做的颈圈，对付二十九军士兵手中的大刀。

敌人在12日遭到大刀队员的重创之后，于13日对二十九军的正面战场进行猛扑，都被视死如归的士兵击退。15日，张自忠亲临前线，视察阵地，极大地鼓舞了前线的官兵。敌人在喜峰口连连吃了败仗，灰心丧气，决定转攻二十九军暂编第二师刘汝明所驻防的罗文峪关口。张自忠令两个团急援罗文峪，并亲率师直属部队和手枪营到第一线督战。17日，敌以飞机、大炮作掩护，5000多敌兵向罗文峪等处猛烈攻击，也被二十九军击退，获得罗文峪大捷。

正是宋哲元、张自忠、冯治安、赵登禹、刘汝明以及全体二十九军的官兵众志成城，共抗外辱，以大刀、步枪等简易的武器，以拼死一搏的勇气打败日本的精锐之师，获得了喜峰口大捷和罗文峪大捷。日本一家报纸评论说："明治大帝造兵以来，皇军名誉尽丧于喜峰口外，而遭受六十年来未有之侮辱。"

二十九军的大刀队威震长城，极大地鼓舞了全国抗日救国、御外的信心和热情。因长城抗战，二十九军名扬海内，宋哲元、张自忠、冯治安、赵登禹、刘汝明等人被授予"青天白日"勋章。

抗日英雄
小故事

第四章　忍辱负重

第一节　折冲华北

1. 察哈尔主席

自日本完全占领东北之后，就对中国的华北地区虎视眈眈。从 1935 年起，日本人就不断地在华北挑起事端。为了平息事端，国民政府步步退让，先后与日本人签订丧权辱国的《何梅协定》和《秦土协定》，致使河北、察哈尔的主权大部分丧失，迫使国民党中央军、东北军和党务机关从平、津、河北撤出。顿时，华北地区的军事和行政都出现局部的真空情况。宋哲元为了避免被蒋介石调往南方"剿共"，以北平防务空虚为名，趁机派兵进入北平。蒋介石和日本人都想以华北为双方的缓冲区域，都默许了二十九军占据冀、察、平、津的事实。1935 年 12 月，冀察政务委员会成立，宋哲元为委员长兼河北省主席，张自忠担任察哈尔主席。自此，二十九军成为华北地区名副其实的实力集团，也是保卫华北最主要的力量。

张自忠刚到察哈尔上任，就遇到了一个棘手的问题。《何梅协定》签署之后，二十九军军队被迫撤离察哈尔的察北六县，由保安队驻扎此地。然而在张自忠上任之前，日本人与察省张北警备司令张允荣私下签订了《松张协定》，允许伪蒙古保安

队进入察北六县地区。张自忠得知消息后，勃然大怒，叫来张允荣训斥道："谁给你这么大的胆子，小小的警备司令官就敢私下和日本人签订协定。你这么做之后，察北六县和沦陷区有什么区别？你这个行为和卖国贼有什么区别？"

张允荣低着头，说道："日本人逼得我没有办法。"

张自忠狠狠地拍了一下桌子，震得桌上的茶杯左右晃动，他破口骂道："日本人逼你，你就敢擅自做主了吗？这个协定我是不会承认的。你滚下去吧。"

张自忠生气地在办公室里来回走动。不能阻抗在东北地区为非作歹的日军，已经让他很气愤，如今狼子野心的日本人又将魔爪伸到了他的地盘，他如何能忍？于是，他召来三十八师的各旅旅长、团长和参谋长，说道："松井源太郎胁迫张允荣签订《松张协定》的事情，大家应该都知道了吧。这个协定是他们两人秘密签订的，与我张自忠一点关系也没有，我是不会承认的。另外，各旅旅长加强军队的训练，如果和日军人有冲突，坚决抵抗。"

第二天，张自忠又率领三十八师的旅长、团长、参谋长以及政务人员一起视察察北六县的工作，并且下令把察北六县的伪蒙保安队赶出察北地区。

日本人得知消息后，恼羞成怒。1935 年 12 月 8 日，日军派出飞机、重炮，掩护伪蒙军李守信、卓什海部攻击察北。张自忠命令察北保安队拼死抵抗。察北的保安队虽然顽强抵抗，但终因寡不敌众，宝昌、沽源相继失守。张自忠于是向宋哲元请示，动用三十八师对敌反击。宋哲元得知消息后，马上给张自忠打来电话，说道："荩忱，察北六县事件我决定以谈判解决，你就不要出兵了。我们刚刚开进北平，在华北地区立足不稳，我们不应多生事端。你就不要和日本人发生正面冲突了。"

张自忠愤愤不平地说道："可是日本人已经欺负到我们头上了，如果谈判，就等于放弃察北六县了。我这个主席如何给察哈尔的人民交代。"

宋哲元训斥道："荩忱，在军中我认为你算最沉着冷静的了。对日一战，终究不可避免，但不是现在。以我们现在的特殊处境，如果贸然和日开战，不但是察北六县，恐怕是整个华北都不保了。好了，我不准出兵，我命令你服从军令。"

张自忠憋屈地回答："是，军长。"

由于三十八师按兵不动，察北六县很快就沦陷了。刚一上任，张自忠就遇到这种憋屈之事，心中包着一肚子的窝囊气，自是苦痛郁闷。

张自忠的高级顾问李泰棻见张自忠最近情绪低落、面容憔悴，就关切地问是何缘故。

张自忠叹了一口气，说道："先生，您应该听说察北六县之事了吧。日本指使伪蒙军队，抢占沽源等县，这明明是日本军队进行侵略，无理欺压。不打吧，我有守土之责；打吧，宋委员长又不准。军人又必须服从命令，硬打又属犯上。只有自杀，才是出路！"

李泰棻冷笑道："想不到你会说出这样可笑的话，国家和冯先生培养你做了地方大员，位至将军，今天用你的时候，你就一死逃避，岂不可耻！"

张自忠局促地说道："先生，荩忱投笔从戎，就是为了能够征战沙场，报效祖国。而如今我只能眼睁睁地看着察北六县在我手上丢失，心中只是痛苦不堪。日本的狼子野心就是为了吞并整个中国。现在就算是牺牲了察北六县，也难填其欲壑。我们一再退让，恐怕也只有亡国灭种了。"

李泰棻说道："现在中日关系特殊，一草一木、一刀一枪都有可能导致中日两国全面战争的爆发。在敌强我弱的情形下，我们还是应该稳重处理矛盾。"

张自忠恨恨地说："如果抗日是一个人的事，我早就和日本人拼了。"

李泰棻给张自忠仔细分析国内的局势，说道："和日本人决斗，只靠一人一军之力，是绝对不行的。我们必须集全国之力，才能获得抗日战争胜利的希望。尽管蒋介石完成了国内的统一，但是各地实力派对蒋介石也只是表面归顺而已。况且现在蒋介石把全部精力都放在南方'剿共'之事上，对日本人一直采取的是绥靖妥协的态度。南京政府连《何梅协定》都敢签，可见只是把华北地区当作与日对抗的缓冲区。二十九军的发展也需要地盘。如果现在贸然和日军发生正面冲突，恐怕会使二十九军陷入孤军作战的险地。但是蒋介石应该也非常清楚日本人的狼子野心。依我看来，全国抗战必定会到来。现在我们要做的是耐心等待。耐心是抗战的一个必要的素质。"李泰棻喝了口茶，继续说："军人马革裹尸，本属常事，为保卫国土而牺牲，更是千载难逢的机会。如果只是去当莽夫，空做无谓之牺牲，不但对国家无意，而且还造成危局。与日斗争，不但要斗勇，更要斗智。我想你要忍耐、要等待、要冷静，以待时局改变。"

张自忠听后心结打开，豁然开朗，说道："荩忱以后做事定当多思多虑，冷静沉着。"此后，张自忠在担任察哈尔省主席和天津市长期间，能够做到含垢忍痛、樽俎折冲，与敌周旋，在政治上不断地成熟，与此次经历有很大关系。后来，蒋介石对张自忠有这样的评价："夫见危授命，烈士之行，古今犹多有之。至于当艰难之会，内断诸心，苟利国家，曾不以当世之是非毁誉乱其虑，此古大臣谋国之用心，固非寻常之人所及知，亦非寻常之人所能任也。"这也是对张自忠折冲华北期间高度的肯定。

2. 天津市长

1936 年 6 月，宋哲元将张自忠从察哈尔省主席改任为天津市长。天津，从清末开始即成为龙蛇混杂之地，国内外各种势力都盘踞在此。张自忠接到冀察委员长宋哲元的任命，感到左右为难，找到秘书长问道："宋委员长要调我任天津市长，你看如何？"

秘书长沉默片刻，摇了下头道："我可不敢同意。天津可比察省情况复杂得多，日本的'中国驻屯军'总部就设在天津，主政天津就意味着要和日本人打交道，外交上恐怕不好对付。"

张自忠道："我也是这么想。现在日本想把我们冀察委员会变成他们的傀儡政权，在军事上威逼，外交上利诱。现在我们的实力又比不上日本，只有忍辱负重，以待时机。我是个军人，如果说是打日本人，就算赤手空拳去上战场，我也不后退一步。只是怕一到天津，就不得不和他们的外交官虚与委蛇，深陷泥潭而不能自拔啊！"

秘书长道："另外，津市有几国租界，商贾云集，又住有很多军人政客，还有很多地痞流氓，过去不断兴风作浪。老实说，你是军人，我又没经验，这种局面，怕我们应付不了吧？"

张自忠道："那我明天进京，就向宋委员长请辞。"

而张自忠向宋哲元请辞之时，遭到宋哲元的坚决留任。

宋哲元道："荩忱，我知道天津市长这个官不好当。但是国家兴亡，匹夫有责。现在国家正处于危难之时，我们和日本人打交道，以'不说硬话，不做软事'为原则，尽量在维护国家利益的基础上，维持华北的和平与稳定。我们军中，以仙阁（萧振瀛）最有外交能力，但是现在仙阁在日本人那里也糊弄不过去了，请求辞职。日本人给我开出天津市长的 19 人名单，希望我任命齐燮人为天津市长。难道你想我任命他为天津市长？为了保住天津，我只有把天津市长的重任交给你，我才放心。"

张自忠悲愤地说道："如果齐燮人当天津市长，就等于把天津送给日本人了。只要不让天津的政权落到汉奸手上，就是让我上刀山下火海也在所不辞。"

宋哲元拍了拍张自忠的肩膀，说道："好，这下我就放心了。"

1936 年 6 月 18 日，张自忠正式就任天津市长，开启了他一年多的天津主政时期。

3. 治安整治

为了进一步侵略中国，日本关东军司令官南次郎与华北驻屯军司令梅津美治郎加速策动"华北五省自治"。日本浪人、地方土匪、北洋军阀、地痞流氓、失意政客纷纷涌入天津，胡作非为，扰乱治安，弄得天津人心惶惶、不得安宁。

宋哲元针对天津的政务方面向张自忠交代道："现在中日两国处于敌强我弱的阶段，你在天津尽量维持局面，缓和与日本人的矛盾，尽量延缓战争爆发的时间。我们自己同时要加紧训练部队，改善武器装备，以图日后能与日本一决雌雄。另外，目前天津的治安欠佳，如能打掉一些黑恶势力，铲除一些日本人的鹰犬，也能让百姓少点担心，繁荣工商。"

张自忠端正地说道："荩忱一定竭尽全力维护天津稳定，请宋委员长放心。"

《辛丑条约》签订之后，天津市区只准外国军队驻兵而不准中国军队驻兵，而日本在天津的驻屯军不断增加。张自忠命令三十八师——四旅二二八团第三营改穿天津保安队的服装，担任市政府的警卫，副师长李文田被任命为公安局长，负责天津的治安保卫工作。另外，三十八师的黄维纲旅驻小站，刘振三旅驻廊坊，董升堂旅驻韩家墅，李致远旅驻马厂，宁殿武保安大队驻天津市内，形成掎角之势，做到确保天津，连接平津，守卫津浦。

一日，张自忠到韩家墅检查部队的日常训练。他对身旁的董升堂旅长说：“你的部队训练得不错，不过日本一直有吞并华北的野心。到时中日之战很可能就会在平津这两座城市中爆发。现在日寇在天津横行霸道，而我们自己的城池却不能驻军防守。如果现在我们不多做准备，一旦战事爆发，我们就很不好办。”

董升堂问道：“师长，您看我们怎么做呢？”

张自忠说道：“我们的官兵多来自农村，对市内街巷道路的形势多不明了。你叫班长以上的干部换穿便衣，每天分班轮流进市内熟悉地形，要特别注意日租界里的大街小巷交通的分布情况。每个班上都要有一张天津地图，使每个士兵对天津的地形有个初步的了解。你旅的官兵，除现穿的陆军军服外，每人再预备保安队、警察的服装各一套，并控制卡车若干辆。一旦与日寇发生冲突，就换上保安队的军装，特别地区穿上警察的服装，用卡车迅速输送进市内来应付事变。”

张自忠在天津主政期间，一点也没有放松对日本人的防备、对抗之心。

4. 釜底抽薪

在张自忠任市长之前，天津的地痞流氓在日本人的教唆下，一天到晚惹是生非，挑拨事端，扰乱正常的社会秩序。而这些地痞流氓靠着日本租界的庇护，官方对他们是治不胜治，捉不胜捉，老百姓对他们更是恨得咬牙切齿，却又不敢言语。

一日，守卫市府的卫兵捉住了一名受日本人唆使而在政府门口溺尿的小流氓。当时的公安局长李文田向张自忠报告了这个情况。

张自忠问道："你怎么处理这起事件？"

李文田道："这些小汉奸、小流氓，来一个我捉一个，捉到一个我就关一个。"

张自忠叹口气道："那你关得完吗？"

一句话回得李文田两耳通红，哑口无言。

张自忠问一旁的秘书长："你看怎样才能不使津市再有汉奸搞便衣队到处捣乱？如何才能杜绝各国租界自行扩展？"

秘书长笑道："市长，您是不是有好主意了？"

张自忠轻拍了一下桌子，说道："我想来个釜底抽薪。现在天津市里的一小撮汉奸，也并不都是无心无肺、心甘情愿要去给日本人做汉奸。这些人有的以前还是有头有脸的人物，现在有的是因为穷困潦倒，为了生计而不得不投靠日本人，而有的是因为政治上失意了心有不甘，想东山再起而甘愿做日本人的走狗。如果我们主动去拉拢这些人，在政治上给他们一个虚的头衔，或者是在经济上给予一些接济，他们可能不会再扰乱地方，助纣为虐了。即使我们没有多一个战友，但是少一个敌人也是好事。

"至于那些汉奸手下的便衣队，多是些穷苦的流氓、乞丐、小偷。如果我们将这些人收容起来，教给他们手艺，让他们从事正当工作，一来帮助这些穷人重新生活，二来他们不在市面上乱窜，敌人就利用不成他们了。"

为了帮助这些社会最底层的流民，张自忠邀请天津市里的绅商，大力兴办社会福利事业。在张自忠任市长期间，创办游民习所、妇女习艺所、残老教养所等。一边让失业贫民、乞丐等学习技艺，一边让他们参加扫马路、修路、筑桥等活动，"以工代赈"，解决他们的饥寒之苦。

张自忠实行的社会福利事业举措，也极大地激励了当时社会各界投身福利活动的热情。1936 年冬，天津市著名的纱商张春荣、齐文轩等联合集资筹办贫民避寒所，收容贫民 2000多名。

通过张自忠的整治，天津的饥民大量减少，马路变得干净，市容变得整齐，社会秩序比以前有序得多，也使得日本人利用中国贫穷者从事违法乱纪的活动减少，获得当时社会人士的赞扬。

5. 打黑除恶

张自忠主政天津之时，黑社会组织在各个租界的包庇下，活动猖獗。张自忠为了打掉这些黑社会组织，和当时的公安局长李文田商量，打算采用"一手拉、一手打"的方法。

张自忠派人打入黑社会组织之中，把那些帮会大佬们找过来，晓之大义，耐心劝说，叫他们不要做日本人的走狗，不要再欺负普通百姓。而且取消对他们的通缉令，且给他们安排相关的工作，让他们衣食无忧，重新生活。当时的帮会大佬们，如郝鹏、程国瑞、历大森等人均受感化，从此天津市内的流氓活动减少。

而对那些冥顽不灵、不加悔改的土匪流氓，张自忠则坚决予以铲除，以儆效尤。

不久，有人举报一名叫"葛沽老大"的黑帮头子。这个"葛沽老大"纠集几十名手下，在葛沽地区欺男霸女、聚众抢劫、祸害一方。张自忠派出警察进行调查核实，"葛沽老大"一帮人确实罪大恶极，如果不进行严厉打击，将会导致葛沽一带永无安宁。

一天，这群黑社会成员在市集上聚众闹事之时，遭到了埋伏在此的警察的围捕，"葛沽老大"被抓获。然而，就这么一个恶贯满盈的家伙居然不断地有人来为他说情，让张自忠甚为恼火。他叫来李文田，说道："如此大奸大恶之人，如果不除，不足以消民愤。头几天还一直有人来给他求情。你好好地去把这个案子办了，一切按法律办事。"

李文田向张自忠禀报："据查，这个'葛沽老大'早年在上海滩混的时候加入了青红帮。青红帮为了扩大地盘，就把他派到天津，建立分会。听说葛沽的人到上海、南京搬救兵去了！"

"怎么？他们还敢来劫牢房不成！"张自忠说道。

李文田说："那倒不会，恐怕是想找人说情罢了。听说他们在南京把青帮头子张树声给请过来了。"

一听到张树声三个字，张自忠的脸色马上一沉。原来，张自忠初次从军，投靠车震的时候，张树声正好是他的连长。张树声见张自忠能吃苦耐劳，又有文化，很快就把他从士兵提拔到司务长。后来部队在湖南作战的时候被打散，张树声回到江苏老家，而张自忠回到山东老家，然后再去投奔了冯玉祥的陆军混成十六旅。没有想到，这么多年下来，张树声竟然成了青帮头子，而那个"葛沽老大"又是拜在他的门下。这些匪徒们可能是打听到张树声是张自忠的老长官，所以不惜花费重金，将张树声从南京请过来。

张自忠问道："张树声估计什么时候能到天津？"

李文田答："少则五至六天，多则十天左右。葛沽的匪徒在那儿催着，肯定拖的时间不会太长。"

张自忠端起茶碗喝了几口，不紧不慢地问："案子审理得怎么样了？"

"案情基本清楚，"李文田说，"开始时，被害人不敢诉苦作证，怕人犯放出来后遭报复。法院和警察局做了不少工作，

说只有大家讲真话，才能证据确凿，判他死罪。这样，葛沽一带的百姓都说了真话。许多人拿出血衣，亮出身上的刀疤，说得声泪俱下，伤心得很呢。"李文田强调说："这个家伙罪大恶极，罪不可赦，不杀不足以平民愤！"

张自忠放下茶碗，站起来，扬着手说："就这么定，出膛的子弹不回头！六天之内法院和警察局审判结案。严格按照法律办事。"他对李文田说："这几天来说情的人我一个不见，说情的条子、信函一律不准往我这儿转。"

李文田见市长决心很大，当即表态，警察和法院密切配合，确保第六天宣判。张自忠说："咱们是军队将领，又是地方官员，要以百姓为重，以法为重。为官一任，造福一方。这个官好不好，老百姓心里有杆秤。眼下时局混乱，民气不振，我们又不能把日本人怎么样，但惩治黑恶团伙是完全可以做得到的。”

话说青帮头子张树声由南京和葛沽两地的小帮徒簇拥着，乘火车抵达天津西站。他打算直奔市政府会见张自忠，凭他的老面子，凭着他当年对张自忠的提拔，不愁张自忠不买他的账。即便是碍于民愤不能当时放人，但只要不枪毙，日后就有办法，也算是尽了“老头子”的责任。

张树声还没有走出车站，天津这边就有人慌忙跑来禀报：“老太爷，不好了。葛沽老大他……他……被枪崩了！”

张树声一把拽住来人：“什么时候？”

“今天，刚才，上午。”来人呜呜地哭起来。

张树声无可奈何地用文明棍戳着地皮，心里恨恨地骂张自忠忘恩负义，不给面子，准是听说他张树声要来天津，这边提前正法了。

张树声觉得栽了面子，既不去葛沽镇，也不去见张自忠，摸摸两撇胡子，袖子一抖，吼着：“回南京去！”

张树声没有料到，这天上午天津市葛沽镇的公判大会大快人心，一声正义的枪响，结束了一个罪恶的生命。匪徒们如丧考妣，葛沽百姓无不拍手称快，受害人家家户户放爆竹、吃捞面。天津一带的治安也逐渐好转。

6．力挺车夫斗英人

民国时候，天津有一批靠出卖体力、拉载行人的人力车夫。这些洋车夫大多从偏僻的农村来到大城市，靠走街串巷，拉载客人出行以求得生存。这些洋车夫每天都得向车行老板交"车份子钱"，才能租到车子。但是这些洋车大都是些破旧的车，如果坏了，车夫还得自己掏钱去修理。另外，他们想要在市面上通行无阻地拉客，还得向各个租界交"起英国捐""起日本捐""起法国捐""起意国捐"，这样车夫除了要挣上车份钱、车捐钱外，还得赚一元五角左右，才能维持一家四口的生计。当时的人力车夫不但劳作辛苦、生活艰难，而且社会地位低下，尽管他们向租界缴纳各种名目的捐，仍旧常常遭到各个租界警察或乘客无端的殴打和羞辱。

有一天，英商怡和洋行走出来一个人高马大、高鼻梁、蓝眼睛的英国人，扯着嗓门喊了声："洋车！"一个身体瘦弱、光着臂膀的洋车夫听到后，马上把车停到了这个英国人面前。这个肥胖高大的英国人上了车后，就得意地哼起小曲来了。当走到一个下坡时，车子被小石头咯了一下，这位洋大人就"嗷嗷"地叫了起来。车夫见此，惊恐万状，不知哪里碰到了这位英国人。原来，由于这位英国人太重了，当车子咯到石头、上下抖动的时候，受力过重，支撑坐垫的一个弹簧断了，这位英国人的屁股被断了的弹簧给扎了一下。

见此，车夫忙向英国人赔礼道歉，想消消英国人的气。而这英国人哪肯罢休，一下车就"啪啪"地给车夫两个耳光，然后说道："我要让你们这些中国佬好看！"于是，他立即走到英工部局，找巴恩士局长，要求检查洋车的弹簧垫子是否坚固，以免再次伤到洋人的屁股。

巴恩士立即饬令所有"起英国捐"的洋车夫拉着车子从早上8点到下午6点，到英工部局登记检查，没到者或没有检查者，从重处罚。一下，八千多车夫都过来了，但是他们又只派几个人检查，车夫们等了一天，钱没有挣到，饭没有吃到，而且车子还没有检查到。巴恩士局长要求没有检查的车夫明天继

抗日英雄
张自忠

续过来检查。车夫一听就急了，一想到一家人还要靠他们挣的钱买米买盐，要是这么白白耽误几天工，不但交不上车份子钱和捐钱，而且家里也要断炊了。大伙想着就急上心来，向英当局抗议。而巴恩士哪里愿意听车夫的意见，马上就把英巡警叫来，不分青红皂白地殴打车夫。车夫实在忍无可忍，集体向天津市胶皮车公会诉苦喊冤。天津市胶皮车公会将此事报告给了张自忠市长。

张自忠声色俱厉地说："英国鬼子打中国人，中国人可以在英租界不拉车。你们回去告诉车夫们，政府全力支持他们的罢工活动。我会通知市属警察主管，凡是带有英国捐牌而未起中国地捐牌的车，都可以到中国管地拉人、拉货。"

次日早晨，英国租界的各洋行、领事馆、公司、外国驻军和开滦、怡和、太古等各行各业的工作人员出门上班，大声喊叫"胶皮""洋车"均不见车影儿。有一个洋人急着坐车，在英租界等了好一会儿也不见一辆洋车。偶尔看到一辆空车，洋人急忙将车叫住，说道："送一回，我给你五块钱。"车夫笑了笑，说道："给多少也不送。"就拉着车迅速地跑出租界。

英工部见状，急忙找了几辆卡车，将各个洋行、部门的员工送到单位。由于用车量大，甚至把警察署的囚车都派上来了。如此僵持了三天，巴恩士见洋车车夫毫不妥协，仍不到租界拉客，就亲自到天津市府协商解决此事。

张自忠对市府工作人员潘玉书说："你可以代表车夫去告诉巴恩士，今后不许英国巡捕随意打中国人！验车延期，陪车钱！穷苦人不容易啊！"

潘玉书找到巴士恩，双方协商：

一、今后英工部局要保证验车期间，不再有殴打华人事件发生；在语言方面要有礼貌；

二、每辆车如因验车耽误半天，由工部局补助一元；

三、今后在英租界内，英巡捕对待华人，不得有任何侮慢行为。

正是在以张自忠为代表的市政府的支持下，正是张自忠对抗帝国主义的勇气，使英租界车夫抗议英当局无端欺负殴打车夫的罢工获得成功，同时也使得英租界的华人人身安全和尊严获得一定的保障。

7. 赴日旅行团

1937 年，中日双方的关系迎来了一个最微妙也最尴尬的阶段。当时，蒋介石的南京中央政府认为介于目前中国对日全面作战的准备并未充分，对日继续执行"和平未到完全绝望时期，绝不放弃和平；牺牲未到最后关头，绝不轻言牺牲"的妥协方针。由于目前敌强我弱的困局和蒋介石对日本人的妥协态度，宋哲元在处理日本问题上，采取"舍小权、保大权"的原则。为了维护中日之间的和平，尽量与日本人周旋敷衍；但是涉及国家主权及核心利益上，则绝不妥协。

另一方面，日本的"稳健派"佐藤尚武等主张用温和的方式来与南京政府和华北当局进行外交活动，希望通过经济和文化的手段来侵略中国。日本政界为了缓和中日两国军事冲突，邀请宋哲元到日观光。为了削减日军方的压力，抓住一切和平的可能，宋哲元、张自忠等二十九军高层人士开会，决定派团出访日本。为了防止日本人将宋哲元扣押，而导致二十九军军中无主帅的混乱局面以及防止日本人逼迫宋哲元签订协议，损害国家利益，稽查委员会决定派张自忠出访日本。这就是张自忠出访日本的背景。但是由于当时中日之间整体的紧张局势，

抗日英雄
小故事

人们对张自忠出访日本，有许多的猜测和误解，认为张自忠是为了谋取私利，而投靠日本去了，甚至有的报纸直接说张自忠与日本人做秘密交易，要当卖国贼去了。当时，张自忠的一个朋友劝诫他道："荩忱，你是喜峰口一战的抗日英雄，为何要在时局不明的情况下去出访日本呢？现在坊间对你的非议很多，这对你的名誉影响很大。"张自忠迈着沉重的脚步，走到窗前，严肃地说："我知道。但是在和平未绝望以前，我希望能够打开一个和平，维持一个较长的局面，而使国家有更充分的准备，其他毁誉我是不计较的。"

1937年4月23日，张自忠带领何基沣旅长、黄维纲旅长、田温其旅长、徐廷玑参谋长，以及部分冀察政务委员和市政、工商、航空等部门的相关人员组成了"冀察平津国外旅行团"，出访日本。

张自忠的旅行团到了日本东京、西京、大阪、神户、日光、箱根、别府、博多、奈良、名古屋，参观了当地的一些博物馆、市集、工厂、航空表演、科学仪器等。为了向中国人炫耀武力，日本军方邀请张自忠一行参加了一个航空表演。日本人驾驶着飞机不断地做着急速上冲、俯冲、空中翻转等表演，然后飞机拖着刺耳的轰鸣声，向访日团所在的看台俯冲过来，而且一架比一架飞得低，最后一架似乎就在代表们的头上掠过似的。当时陪同参观的日本少校笠井得意地向张自忠介绍："我们这支空军是一支装备精良、技术娴熟的队伍，在战斗中，能够对敌人进行准确有效地攻击。"而张自忠则面无表情、不动声色。

当访日团回到帝国饭店，张自忠向他的军事将领们问道："今天的表演如何？"几位连长则悲愤地说："日本人简直是坏透了，今天的表演分明就是示威！"张自忠叹口气道："前事不忘，后事之师。喜峰口一战，我们不知有多少官兵和百姓命丧于日寇飞机的炮火之下。我们中国得赶快建立一支精良的空军队伍啊！"

在东京期间，张自忠赴山东老乡会会见了几百名留日学生。为首的留日学生走到张自忠面前，诚恳地问道："张市长是长城抗日名将，这次访日之行，旅日的各界人士都十分关心，您能否向大家透露一下，您这次访日的情况？"

张自忠望着一张张激情昂扬的年轻的脸庞，知道他们都怀有爱国之志，并且对他这次访日颇有担心。他轻声地向为首的学生问道："你们这里有日本人吗？"

学生答："没有。我们这里都是中国学生，都是爱国的中国学生。而且您一来，我们就把大门锁上了。"

张自忠点点头，大声地向大家说："这次日本本来是请宋先生来的，因为宋先生要回山东养病，所以派我来。这里都是自己人，我坦诚地告诉大家，我张自忠在任何时候，绝不会做出对不起国家、对不起民族的事情。请大家对我张自忠放心、对冀察政务委员会放心，我们和日本的交往是以平等互利为原则的，我们绝不会做第二个伪'满洲国'，绝不会成为日本的傀儡政权。"大家一听，报以持久不息的掌声。

"不过这次访日，我感触颇多。日本工业确有一种努力求进的精神，其纺织和航空业进展尤其快速。中日两国，同在东亚，风土人情，大同小异，唯一则突飞猛进，一则百废待兴，实有令人注意研究之必要。名山大川往往使中国人看不起日本的自然贫瘠，五千年的历史常常使中国人瞧不上日本七十年的努力。你们这些在日本学习的同学，必要戒除这种虚骄之气，也要甩掉自卑自馁的心理，发奋学习人家的长处，回来改造我们苦难的国家。"同学们一听，回答道："我们是报爱国之志，忍辱负重，来此向日本人学习科学文化。将来我们学有所成，定会回国报效祖国。"

最后，张自忠拿出一笔钱交给学生代表，"我代表宋先生，在经济上给你们一点帮助。"

到了5月，日方不断地要和张自忠商谈"经济提携"的相关事宜，张自忠均以要向宋哲元禀报为由，拒绝日方提出的任何相关的要求。日方对张自忠大失所望，就开始向宋哲元施加压力。天津驻屯军司令官田代皖一郎不断地向宋哲元要求由日方修建津石铁路、开采龙烟铁矿，并在平津及北宁路沿线扩充军事设施等事。宋哲元对日方要求只是百般拖延，不置可否。

抗日英雄
张自忠

中日关系开始趋紧。宋哲元电令张自忠终止考察，立即回国。5月23日，张自忠一行由神户乘"大陆丸"返国。田代因事事不得要领，而一气得病。

张自忠访日期间，与日本各界周旋，谨慎小心。从战后日本公布的战时文书中，找不到任何关于张自忠访日期间有负职守的记载。而日本人则大耍挑拨离间之计，企图通过舆论攻势，来抹黑张自忠，离间张自忠以及冀察政务委员会与南京政府之间的关系。寺平忠辅对外说："张自忠一行从东京、京都、奈良、大阪等地开始，就受到各方面热烈的招待，满载而归。每个人都满脸喜气，亲日气氛的造成已收到相当的效果。"经过日本方舆论的刻意渲染，国内对张自忠的误解进一步加深。当张自忠回到国内，一时舆论沸腾、谣诼纷纷。有的说张自忠和日本人达成了出卖主权的秘密协定，有的说张自忠拿了日本人的巨款，还享受了东洋美人等。而当时汉口的《武汉日报》公然刊登了此谣言。一般的人员不得内情，三十八师的弟兄们也开始议论纷纷，大家相互私语："你说，我们的头真的会做汉奸吗？"有个中级干部干脆闯进张自忠的办公室，质问张自忠："现在舆论对你抨击，国人对你唾骂，连我们都不知道你葫芦里装的什么药。"张自忠沉默良久，严肃地说："目前华北的危机，关系国家民族的存亡至大。我国军究竟准备到什么程度？本军仍散驻在各处，尚未集中。在和平尚有一线希望，牺牲未到最后关头之时，只有本着'我不入地狱，谁入地狱'的精神，牺牲小我，顾全大局，忍受目前的耻辱。凡不能忍受的，绝难任重致远。周公尚有流言日，好在是盖棺论定。成功成仁，将来一定有好机会的。和平绝望之日，就是我们牺牲的最后关头。把我张自忠的骨头轧成碎粉，用化学分析分析，看有一点汉奸气味没有？"忍辱负重之英雄，一时可能被人误解，但张自忠用自己一生的行动，向世人证明他的清白。

第二节　七七风云

1. 卢沟桥事变

1937 年 7 月 7 日，随着卢沟桥畔的一声枪响，日本开始全面侵华，全中国人民团结一致，奋起抗争，中日全面战争的序幕就此拉开。

7 月初，北京城外尘土飞扬，枪声不断。日军不断地往北京城郊增兵，进行军事演练。7 月 6 日午后，日军甚至以卢沟桥为军事目标，进行攻桥演练。守卫卢沟桥的士兵不断地听到日军轰轰的战车声和枪炮声，一个个神色严肃，如临大敌，全体官兵进入一级战备状态。卢沟桥守军二一九团三营营长金振中见此情况，迅速回营召开军事会议，命令各连做好战斗准备，规定在日军进入我军阵地百米内进行射击，不让敌人逃出火力网。

7月7日夜11时，在宛平城东门外日军演习营地发出数声枪响，然后有一小队的日本兵来到城门外，声称日军一中队在卢沟桥演习，仿佛听到宛平城内的军队发出枪声，使演习部队一时纷乱，一名日本士兵走失，日本军队今晚要入城搜查。宛平县长王冷斋查明中国驻军并无开枪后，向日方说明情况，并且坚决拒绝日军进城的无理要求。到8日3时，日军距城百米时，向宛平城鸣枪开炮，吉星文的二一九团奋起反抗，卢沟桥事变终于爆发。

由于卢沟桥事变事发突然，二十九军的高级将领中除秦德纯在北平主持工作外，宋哲元在山东乐陵，冯治安在保定，张自忠在北平治病。此时，卧病在床的张自忠一面听着下属的战况汇报，一面听着外面隐隐约约的枪声，心急如焚、彻夜未眠。8日上午，张自忠对前来打探情况的天津交通银行经理徐柏园说："对方是有计划的，弄得不好，会闯大乱子。"面对当前的严峻形势，张自忠、冯治安、秦德纯、刘汝明、赵登禹等人联名电请宋哲元火速回京，主持大局。但是宋哲元对事态的严重性认识不足，认为与平时日本人玩的挑衅花样一样，只是想通过军事施压，以谋取在华好处。在处理卢沟桥事变上，宋哲元主要希望谋求谈判，取得和平解决。他对邓哲熙说："目前，日本还不至于对中国发动全面战争，只要我们表示一下让步，局部解决仍有可能。"又下令全军"只许抵抗，不许出击"。

7月9日，冯治安的三十七师何基沣旅决定联合由保定开过来的赵登禹部的陈春荣旅的一团、东北军第五十三军骑兵团及钢甲车两列，乘日军主力还没赶到之际，于10日夜间袭击驻丰台的日军。当张自忠得知这个消息后，认为如果二十九军先出手进攻日军，和平谈判的希望就会彻底落空，中日双方全面内战的局面将不可挽回。因此，决定执行宋哲元的"只许抵抗，不许出击"的命令，禁止突击日军。

而日本当局接到了卢沟桥事变的消息之后，也引起了其内部较大的争论。日本早有侵略华北、甚至整个中国的野心。但是，卢沟桥事变发生之时，日本还没有做好全面侵略中国的作战计划。当时日本国内分为主张和平谈判的"不扩大派"和主张全面侵华的"扩大派"。9日上午，日本内阁四相会议决定暂时采取所谓"不夸大"方针，就地解决事变。日方要求：中国军队撤退，处罚事件负责人、中国方面进行道歉等。

10日，在宋哲元未回来之前，二十九军派张自忠出面与日交涉。但是当时张自忠疾病缠身，精力不济，而且深知战时谈判，十分棘手。我军的军力和日军差距悬殊，在谈判中，日方定会不依不饶。而如果对日有所妥协，定会招致全国舆论的误解和抨击。但是，希望能够力挽狂澜、消弭冲突，张自忠还是答应出面与日谈判。

10 日夜晚，狂风骤起，水流如注。张自忠躺在床上，听着暴雨"啪啪"地击打着窗外树叶的声音，看到夜色中被狂风刮得左右乱晃的树枝，不由得悲从心起。他在心里感慨万千："现在我们的家国不就像这风雨中不断飘摇的树枝吗？我不知道这风雨什么时候能够停下来？也不知道暴雨之后，这树枝是否还在？我希望今晚能够制服风神雨神，希望明天能见到明媚的太阳。"

"嘭嘭嘭！"几声急促的敲门声之后，他的卧室进来了几个人。他们就是过来谈判的日方代表松井和今井武夫。此时，张自忠卧在床上，面容憔悴，但仍然诚恳地与他们谈判。日方提出：

（一）冀察第二十九军代表应向日本军表示歉意，对肇事的负责人应给予处分，并负责保证今后不得发生类似的事件。

（二）卢沟桥附近永定河东岸不得驻屯中国军队。

（三）鉴于本事件多半是由所谓蓝衣社、共产党以及其他抗日系统各团体所挑起，今后对上述各团体应彻底取缔。

但是，张自忠拒绝答应处理肇事的负责人以及从卢沟桥撤军的要求。双方谈判陷入僵局。后来双方决定卢沟桥由保安队防守，协定才算达成。偌大风波，似已平息。

11 日晚 6 点，日本政府发表了《关于向华北派兵的政府申明》，决定立即向华北增兵。此时，日本国内的"扩大派"已经占据上风，日本正式决定侵略中国。日本将不履行中日之间的任何和平谈判协定。

但是，当时中国驻屯军司令官香月清司为了给日本的援军拖延时间，决定继续和宋哲元谈判。由于宋哲元的和平幻想过于强烈，竟对日本的计谋没有察觉，直到日本的大军赶到北京，才知道中日一战必不可少。

25 日，宋哲元、张自忠、秦德纯、佟麟阁、赵登禹、冯治安等出席二十九军高级将领的备战会议。宋哲元决定与日决战。与会将领均支持宋哲元的决定。张自忠奉命任北平城防务总司令。他在北平一方面向家里发了遗书一封，交代后事，另一方面又电令天津马秘书长和公安局长李文田："我们都是国家人员，守土有责，到此紧要关头，务各尽天职，才对得起国家。现令我担任北平城防总司令，天津市府的事务由马秘书长负责；驻天津附近的部队，由李局长就近指挥。我决心以身许国，与北平城共存亡。顷已预嘱家事，盼兄等共体余意，共维国难。"

2. 留守北平

7 月 28 日，日军出动了铃木混成旅团及酒井机械化旅团，配以飞机 30 架，分头向南苑、西苑、北苑之二十九军驻军猛烈袭击。这次袭击遭到了二十九军官兵的顽强抵抗，二十九军副军长佟麟阁将军、一三二师师长赵登禹将军在这场战斗中壮烈牺牲。28日下午，宋哲元、张自忠、秦德纯等在北平铁狮子胡同"进德社"举行紧急会议，决定二十九军的撤留问题。由于卢沟桥事变之前，北平的北、东、西三个方向交通要道均被日军控制，而南苑一旦被攻克，二十九军将会处于被日军四方围困之势。如果二十九军不撤离，就只会让敌人瓮中捉鳖了。另外，北平乃几朝古都，如果二十九军与日拼死一搏，到时这个伟大的文化古迹将在炮火的轰炸中毁于一旦。就此形势，蒋介石、宋哲元均认为平津地区不宜再防守。为了保存实力，二十九军应迅速撤离平津地区，向南退到保定，再图良策。

抗日英雄
小故事

在会议上，宋哲元谈道："主力大军南退保定，大军一时半会儿也撤不完。我想留下一个人来与日周旋，缓和形势，以掩护大军南撤。你们谁愿意啊？"

此时，空气一下就凝结了。大家都低着头，屏住呼吸，谁也不吭声，谁也不想挑这个担子。

宋哲元等了片刻，说道："我有两个方案，一是绍文（秦德纯的字）带着四个团留守北平。另一个方案是荩忱一个人留下来，与日本人周旋。"

秦德纯急忙说道："就四个团的力量，也撑不了多久，那不是让弟兄白白牺牲。"

张自忠由于主政天津的一年多来，不得不与日本人打交道，外界对他误解颇深，甚至称他为"张邦昌"。而如果张自忠一个人留下，恐怕国内舆论就真的给他判"卖国贼"的罪名了。思及至此，张自忠站起来说道："我不能留下来。如果大家都走了，我一个人留下来，不是汉奸也成汉奸了，到时我即使百口也莫辩了。"

宋哲元提高嗓门，大发雷霆道："我们二十九军是有令必行，你们平时口口声声说服从我，怎么，在此重要关头，竟不服从了？"

全部将领低头默不住声。

宋哲元扫了几眼张自忠，凝重地说："荩忱，现在乃我军危难之时，人人当以以死赴国难的精神，与日抗争。我二十九军，人人都是铁汉子，宁为战死鬼，不做亡国奴。现在你一定站在国家民族利益方面，本大无畏精神，不惜牺牲一切。至于个人小誉，我们当暂且一放。荩忱，你暂且留京，与日周旋十天。如果与日有一丝的和谈机会，你要争取。如果不行，你尽量保护还没有脱险的弟兄。"

张自忠无奈，哭着说道："国家有难，当赴汤蹈火，万死不辞。为了国家和民族的长远利益，为了二十九军能够安全脱离险境，我愿担当这重任，个人毁誉在所不计！"

宋哲元见张自忠同意了，松了一口气，急忙回答："好。如今敌我军力悬殊，中央的补给还没有到。日军一旦拿下南苑，就把我们的补给线给彻底切断了。我知道虽然各位没有作战，但是心里比作战还苦。但是我们一军的力量是打不过日军的。我们要忍耐。蒋委员长已经命令我们退到保定去，与中央军汇合，全局部署，全年作战。现在我们多忍耐一天，我们的实力就可以增强一分，抗日的希望就多一分。"

宋哲元望着张自忠说道："荩忱，多拖一天，我们就多练一个兵，多造一支枪。荩忱，一切都托付给你了。"

此时，张自忠已泪流满面，他斩钉截铁地说："委员长和大家都走了，我的责任太大，一定尽力而为！"

宋哲元立即提笔写下手谕：

一、冀察政务委员会委员长由张自忠代理；

二、北平绥靖公署主任由张自忠代理；

三、北平市市长由张自忠代理。

然后宋哲元与张自忠商量，决定将独立第二十七旅石振纲部和独立第三十九旅阮玄武部暂留北平，协助张自忠维持治安。其余人员一概撤走。

在送别秦德纯的时候，张自忠已悲痛至极，低声泣语："你同宋先生成了民族英雄，我怕成了汉奸了。绍文，恐怕黄河之水都洗去不了我的冤屈。我死之后你要替我作见证。"

在二十九军中秦德纯所做的外交工作也较多，也深知其困境，他郑重地劝勉道："这是战争的开端，来日方长，必须盖棺才能论定，只要你誓死救国，必有为全国谅解的一日。"两人遂握手告别。

这时，三十八师驻北平的几位中级将领来到张自忠身边道："报告师长，队伍都已经集合好了，可以出发了。"

张自忠看着自己的将领一个个都精神抖擞、士气高昂，都欲与敌人决一死战，他自己也何尝不是啊，恨不得亲自上前线，指挥战斗。但是现在他却不得不让自己的队伍撤退。他艰难地说道："你们带队撤离北平。"几位将领面面相觑，十分惊诧，问道："我们不是上南苑前线吗？如果我们走了，谁来守北

抗日英雄
张自忠

平啊？"

张自忠回答："我，我一个人。"最后几个字已经轻得似乎只有他一个人能听到。

将领们一听，都发蒙了，不知他们的张师长是何意图。当然，他们更害怕他们的师长留下来成为汉奸，他们不愿这么想也不敢这么想。

张自忠说道："现在情况复杂，我一时半会儿跟你们也说不清。你们撤出后，跟军长直接联系，一切都要听宋军长的指挥。"

这时，一个士兵来报，说有学生代表请求见张师长。张自忠同意之后，几个年轻气盛的青年进了张自忠的会客厅。

其中一个青年一进屋，就劈头盖脸地质问张自忠："张师长，听说你们二十九军马上就要撤离北平城了，有这么回事吗？难道你们二十九军自称是爱国的军队都是骗人的吗？你们的刀片都是纸做的，日本人一来就破了？"

另一个学生愤愤不平地说："二十九军走了，枪炮不能带走。二十九军不敢打，我们敢打。二十九军怕死，我们不怕死。"然后用目光望了一圈周围的三十八师士兵，问道："你们中有没有敢留下来和我们一起抗日的？"

张自忠说："至少我留下来了。"

学生一听，更加气愤道："大军都走了，你一个人留下来干什么？难道想当华北王，想当日本人的狗汉奸？"

张自忠悲上心来，知道他留下来，人们都会误认为他是狗汉奸，卖国贼的。不过看着这群热血青年，他仍满怀爱护之情，说道："我能理解大家的爱国热情。现在日军已靠近永定门了，如果你们是真爱国，就跟着我的部队走，否则就回去学日本话，当顺民去。"

学生斗志高昂，振臂高呼："我们当然要和队伍走。"

张自忠满意地点点头，对副官说："学生们都归你带。要从军的，送到中央军校去；不从军的，到后方找个学校，不要耽误了他们的学习。"

队伍马上要出发了，一个常年跟着张自忠的警卫员跪下来，向张自忠请求："师长不走，我也不走。我要和师长一块去死。"

一个学生从鼻孔里冷哼一声，说道："是要一块去升官发财吧。"

张自忠厉声说道："别人叫我'张剥皮'，往常都是我剥别人的皮，如果真有这么一天，你们来剥我的皮。"

深夜，部队已经撤离，偌大的北京市府内只有张自忠一个人，孤独孑立。奉命于败军之际，受命于危难之时，为缓敌方压迫之势，和日军谈判，但弱国无外交，败兵无外交，定是千难百折，含辱忍垢；而与日交涉，国人又不会谅解，诽谤纷纷，

抗日英雄小故事

稍有不慎，甚至会使国家陷入万劫不复之地。张自忠以手击墙，双手青肿也不觉疼痛，因为他的心已被丢失平津的巨大悲哀所吞噬，被迷茫的前景所困扰。

守门的老人听到声响，过来查房，发现张自忠还在大厅里，就问道："将军，您还没有回去啊？你在干什么啊？"

张自忠站在黑夜中，说："等天亮。"

7月29日，张自忠就任冀察政务委员会代理委员长、冀察绥靖公署代理主任、北平市代理市长职务，然后根据与宋哲元之前的商定，决定对原冀察政务委员会进行改组，任命张璧、张允荣、潘毓桂、江朝宗、冷家骥、陈中孚等当时有名的汉奸或亲日派人员为政务委员。这个改组的冀察政务委员会显然有很强的亲日色彩，是张自忠为了应付日本人所做的权宜之策。

卢沟桥事变之前，张自忠在对日问题上，主张稳健行事，被称为二十九军的"主和派"。而这次大军撤离，张自忠担任冀察政务代理委员长，组建了这么一个亲日的委员会，各大报刊都对张自忠激烈抨击，痛加辱骂。张邦昌第二、吴三桂第二、卖国贼、汉奸称呼一时成了张自忠的标签。

尽管这样，张自忠尽其所能、收拾残局。他安排平津作战的负伤者进行治疗，安葬死亡将士；对未来得及撤走的二十九军家属进行接济，安排他们返回故乡；尽可能地挽救被日本人逮捕的爱国人士。

日军入城后，要求张自忠通电反蒋反共，宣布北平独立，被张自忠断然拒绝。日本人见张自忠并不愿意与日合作，而且在 7 月 29 日和 30 日，驻守天津的张自忠的三十八师又对日军进行了猛烈的进攻，认为张自忠表面上是"主和派"，但骨子里是个"主战派"，因此打算撇开张自忠的冀察政务委员会，另建一个完全亲日的傀儡政权北平地方维持会。7 月 31 日，独立三十九旅士兵遭到日军缴械。8 月 1 日，张自忠命令剩下的第二十七旅紧急突围，获得成功。8 月 7 日，张自忠在《北平晨报》上发表声明，宣布辞去所有代理职务。

3. 虎口脱险

自从 6 月以来，张自忠出现了痢疾的病症，一直卧病在床。

由于卢沟桥事变的爆发，张自忠不得不带病主持军队的工作。平津战争的失败，张自忠独自一人与日周旋，精神上遭受了极大的痛苦。从 29 日开始，他精神憔悴，意志消沉，这更加加重了他的病情。现在二十九军的士兵都已经撤出平津，张自忠与宋哲元的十日之约基本满了，北平马上要被日军彻底占领。为了免遭日本人控制陷害，张自忠决定暂时躲藏起来，以待机会，逃离北平。从 8 月 7 日之后，张自忠就进入东交民巷的德国医院，一为治理病症，二是躲避日本人的搜查。一到德国医院住下，张自忠就发现，医院里面人头攒动、熟人颇多。想躲藏于此地，是绝不可能。

张自忠忧心忡忡地对副官廖保贞说："刚才我已经看到几位熟人。如果我再在这里住下，终会被人发现，招来日本人的。"

廖保贞也有同感，说道："这里人太多了，出行极不方便，一不小心，我们就会落到日本人的手上。师长，您有什么好的去处吗？"

张自忠说："我倒是有几个靠得住的朋友。只怕他们也被日本人盯上，我们如果过去，不但落入敌手，还连累朋友。不过我想到一个人，就是不知道他愿不愿意帮忙？"

廖保贞急忙问："师长，您说的谁啊？"

张自忠回答："美国人福开森。此人是一个传教士、学者，旅居中国多年，曾经当过张之洞、袁世凯的顾问，在中国地位显赫。我曾经与他有过几面之缘，为人不错，但不知这次他愿不愿意冒险一救？"

廖保贞兴奋地说："现在日本还不愿得罪美国，应该不敢贸然去搜查美国人的房子。如果师长能够躲到他那里，应该比较安全。我现在就去和福开森联系，可以吗？"

张自忠挥一挥手，说："你去吧，路上小心一点。"

廖保贞进入东城礼士胡同的一幢洋房，向福开森说明了来意。福开森旅居中国多年，对中国已经有深厚的感情。他对日本所进行的侵略战争深感愤怒，听到张自忠的请求后，踌躇一会，就欣然同意。福开森说："张将军乃令人尊重的英雄。如果张将军蒙难，我定竭尽全力，给予帮助。"

廖保贞和福开森决定迅速去德国医院，将张自忠接到福开森家。为了防止张自忠被人识破，福开森和廖保贞商量，让张自忠装扮成学者的模样，头戴礼帽，身穿长袍。到达福开森家后，福开森将张自忠安排到偏屋住下，然后对仆人说："我以前的一个中文秘书生病了，这段时间要在我家休养。平时你们除了送餐，就不要去打扰他休息。"

张自忠住下之后，虽然人身安全得到了一定的保障，但是一想到当前的形势，就焦急万分，度日如年。从外面传来的日军的马蹄声或军车开过的声音，常常让他寝食难安。他认为目前的当务之急是脱离虎口，回到战友中去，回到抗日的最前线去。但是如何出城，他现在没有一点头绪。

"廖保贞！"张自忠喊道。

"到，市长。您有什么事吗？"廖保贞问道。

"你去外面探探路，看有什么出城的办法吗？"

经过一天的打听，廖保贞回来禀报道："师长，本来我们可以出广安门，绕长辛店，转到保定。但是现在保定以北正在激战，我们是万难通过的。而去天津的火车还是开着的，但是日本人检查得特别严，我们不能去冒这个险。"

"现在我在北平，也找不到合适的人帮我出城。不如你找天津赵子青，此人结交面广，或许有办法。"

赵子青是个军火买办商人，曾经为二十九军买进过大批量的军火，所以和张自忠熟识。此人年轻干练，讲义气，与外国洋行打交道多，人脉颇广。廖保贞奉张自忠之命，来到天津，晤见了赵子青。赵子青知道张自忠的处境后，慷慨答应营救张自忠。

赵子青对廖保贞说："仅凭我俩之力，是无法把张将军营救出来的。不过我认识一个叫甘先生的人，经常开车往返于平津两地，如果他肯答应，我们成功的可能性就高了。"

廖保贞一听，兴奋地说："我们何不一试？"

"好。张将军在北平处境危险，我们就尽快行动。"当晚，赵子青就与廖保贞见到了甘先生。

这位甘先生是天津公茂洋行的美国商人，经常驾驶自用轿车往返于平津两地。此时平津两市都已沦陷，日军在平津两地的所有交通干线上都设卡盘查，极为严格，但是甘先生的车照常通行。当赵子青说明来意后，甘先生说："我个人极为乐意帮忙，但是我现在还做不了主，我得向驻天津的美国大使馆请示。"之后，在得到美国驻津领事的同意后，甘先生、赵子青、廖保贞着手商谈营救计划。

9月3日早晨4点左右，张自忠穿上一套旧的蓝布工人装，戴上工人帽，从福开森家里出来，徒步走到大烟筒胡同至朝阳门的马路旁边。此时，天色朦胧，行人稀少，整座城市还在睡梦之中。不久，一辆插着意大利国旗的小卧车停下来了。

"是张将军吗？"车里的人探出头来，用生硬的中文小声地问。

张自忠点点头。

"啪"地一声，车门打开了，张自忠迅速地钻进了小卧车。汽车快速地往朝阳门行驶。

"张将军，我就是公茂洋行的甘经理。现在你伪装成我的司机助手就行了。如果在关卡招到日军的盘问，由我来应付。"甘先生说道。

"承蒙甘先生相助，苤忱只有来日相报。"张自忠感激地说。

"张将军客气了，我也是敬仰张将军的为人，甘愿效劳。"甘先生说道。

一路上，守关的士兵知道甘先生是位美国的汽车商，而且车上还挂着日军盟国意大利的国旗，稍加盘问就放行了。汽车出了北平城后，驶向通县。通县一路上都有重兵把守，盘查极为严格。甘先生忽然将车开进公路南边的一个大门里，穿过一个大教堂，继而出了一个大门，又驶上公路。就这样躲过了两道重要的关卡。之后一路上都通行无阻，顺利行驶到了英租界的赵子青家。

张自忠的弟弟张自明已在赵家等候多时。听到外面有停车的声音，焦急地走出门外，看到张自忠穿着满身油污的工人服下车。此时张自忠已经面容憔悴、脸上蜡黄，身形消瘦得不成人样。张自明悲喜交加，激动地叫了声："哥。"

张自忠朝他轻轻地点了点头，走进了赵家客厅。旧病未愈、又是一路的惊险，使得张自忠身体极度的疲惫。他侧躺在客厅的沙发上，凝目沉思，一言不发。南苑战役失败，北平的沦陷，再加上国内舆论对他的口诛笔伐，使得张自忠的精神极度忧郁沉重。半晌，张自忠叹了一口气，拖着疲惫的声音说道："七弟，你回去吧。我一切都好，叫你嫂子不用担心。以后家里的事情，同你嫂子一块商量，不用问我了。"

自明点点头，道："好的。哥，有我在，家里的事情你就

不用担心。你留京的这几日，家里的人都特别担心。现在我就回家，向嫂子报平安。"

赵子青接着说："自明，你放心。如果有什么事情，我会通知你的。"

当天，张自忠通过二十九军设在天津的秘密电台，向宋哲元报告了留平情况和抵津经过。

4. 诀别

9月9日晚，张自忠穿着长衫，头戴帽子，秘密地来到英租界66号路的天津家中。

得到了张自忠要回家的消息，一家人都焦虑而又兴奋地等着张自忠的回来。

"砰砰砰"，听到敲门声，一家人都停下各自干的活，望向大门。张家的小女儿廉云飞快地跑去开门，家里的其他人也都跟着到了家门口。

廉云打开门，看到是自己朝思暮想的父亲，欢快地叫："爸爸，爸爸，您终于回来了，我们都好想你。"

张自忠的儿子、儿媳、孙子、侄儿侄女们都过来一一问好。平时，张自忠一回到家，就爱逗小孩，家里欢声一片。但是这次回家，却面色严肃、不苟言笑，孩子们都一一退出。

"自忠。"李敏慧打破沉默，双眼噙泪，望着这个精神憔悴、身形消瘦的男人。6月以来，张自忠就患了痢疾，卧病在床。七七事变的爆发，张自忠就不得不带病与日斡旋、交涉。之后，局势越来越紧张，李敏慧带着一家人来到天津租界躲避，而张自忠却受命滞留北平，深陷魔窟。李敏慧每天每夜不仅担心他的安危、担心他的病情，也担心外界的谣言对他精神的伤害。现在这个男人终于出现在她的面前了，她柔声地问道："你的病好了吗？"

张自忠拉着李敏慧的手，说："身体好得差不多了。敏慧，这辈子你跟上我，让你受委屈了。"

李敏慧听到此话，泪水更是止不住地往下流。他俩共结连理已 30 载，从 17 岁进了张家的门，她就认定他是她的天、她的依靠。她默默地支持他奋斗，看着他从一个风华正茂的学生成长为威震一时的将军，一路走来，风风雨雨。他回家了，全家人高高兴兴，却往往是他战斗失败后得到的片刻空闲；他事业如日中天，却又处于枪林弹雨之中。30年来，聚少离多，漂泊不定，她对他有操不完的心。

"不，我不委屈。你是我心中的英雄。我知道你都是为了我们这个家，为了我们的祖国。"李敏慧说道。

"可是，可是他们都说我是汉奸。"说到此处，张自忠已眼眶发红、言语哽咽。

"别人说什么，我不管。我相信，你绝不会做出对不起国家和民族的事情。"李敏慧说道。

"敏慧，以后我可能就顾不上你们了，你要好好照顾自己、照顾孩子。我得重返战场，用我的行动去洗刷我的冤屈啊！"张自忠悲壮地说。

"你要好好保重，我会照顾好孩子的。"李敏慧抱着张自忠痛哭起来。

之后，张自忠把孩子们都找过来，叮嘱："我要走了，你们在家要尊重长辈。现在你们都长大了，要努力自强，发奋自立，不要想着去仰仗父辈们。张家的子弟要有骨气，靠自己双手去打一片天来。廉珍，现在你也是做父亲的人，你要承担起男子汉的责任，好好照顾妻小。"然后，他又把几个侄女都叫过来，每人给了一笔钱，说道："这钱是你们以后的嫁妆。我这一走，恐怕也管不了你们的婚事了。"

交代完家事，张自忠乘着夜色匆匆离开了。家属们看着他离去的高瘦的背影，不由得流下眼泪。然而此时，大家都不知道，张自忠已怀有必死的决心。这次回家，其实是在安排后事。这次一别，即是一家人的永诀！

5. 金陵漫漫路

9月10日拂晓，在英工部局巴恩士局长的帮助下，张自忠终于到达码头，乘上南下英国商船"海口号"。轮船乘风破浪，一路向前，平津之地离张自忠越来越远。旭日升起，霞光万道，远处的浓雾一点点消散，海水越来越蔚蓝明亮，张自忠却不知道自己的前途会是如何？内心一片迷茫灰暗。

古都北平沦陷，使得爱国的中国人都十分悲愤痛心。而二十九军的撤离，张自忠独留北平，担任冀察政务委员会代理委员长等职务，并且与日斡旋。基于民族义愤，民众在不了解的情况下，痛骂张自忠。报纸、城市标语铺天盖地地对张自忠进行口诛笔伐，一时，张自忠沦为众矢之的，成为人人喊打的卖国贼。

张自忠怀着满腔的冤屈，内心十分痛苦。尽管现在已经脱离虎口，逃离了日本人的势力范围，张自忠的身体和精神状况却没有任何的好转。"卖国贼""汉奸"这些张自忠平日最痛恨的字眼，如同如来佛的五指山，铺天盖地、突如其来地压在他的头顶上，把一个铁铮铮的男子汉压垮在地。如果说孙悟空的拯救之路是跟随唐僧西天取经的话，那么张自忠的自我救赎之法就只有血洒战场、杀身成仁，用实实在在的抗日战绩向世人证明他的冤屈和清白。

随后张自忠先到达济南，拜访山东主席韩复榘。韩复榘也是西北军出身，曾是冯玉祥手中的一员猛将。但是韩生性狡诈、贪图权利，曾为了私利背叛冯玉祥，为西北军中正义忠贞的人士所不耻。但是为了和宋哲元将军、二十九军及其他西北军将领取得联系，到同是西北军出身的韩复榘那里，是目前较好的策略。但是，当张自忠抵达济南，韩复榘不但没有派人去迎接，而且还在张自忠到达他私邸门口时，故意扯着大嗓门对前来报告的副官说："他当他的汉奸，我救我的国，来见我干啥？"

张自忠在门外听得真真切切，顿时脸色发青。韩复榘几次三番地背叛上司冯玉祥将军，张自忠在心中看不起他。而这次为大局着想，为长官受过，却沦落到被这种人嘲笑、戏弄的地步。张自忠信步走进屋内，盯着韩复榘的眼睛正义凛然地说："向方（韩复榘的字），你有所不知，我给你看样东西。"张自忠从兜里去取宋哲元留给张自忠的手谕。

韩复榘与张自忠共事多年，知道张自忠平时做人方正不阿，做事情尽忠职守。张自忠留守北平事件之后，韩复榘认为

抗日英雄
张自忠

张自忠也是追逐权力、假仁假义之人，于是趁此机会，对他嘲弄一番。现在张自忠这么一说，倒激起了他的好奇心。韩复榘接过手谕，认真看过之后，才恍然大悟，然后客气地说："哦，原来是这么回事。明轩（宋哲元的字）不该让你背这个黑锅。"

张自忠神情落寞地说："我张自忠虽然没有做过一天的汉奸，但是平津失守与我们对敌大意有很大的关系。过去我们太轻信日本人，以为通过屈辱的谈判就可以维持和平的时局。日本人的野心是想吞并整个中国，谈判只会让我们陷入不战而败的窘境之中。"

韩复榘安慰他说："事已至此，老弟就不要再难过了。如今老弟能够虎口脱险，已经实属不易。"

由于张自忠如今的处境十分微妙，南京方面对张自忠的态度也不明确。为了免于南京方面的责骂，韩复榘悄悄给南京打去了电话，向蒋介石陈述情况。蒋介石下令将张自忠押解回南京。

当天中午吃饭的时候，韩复榘就把他与南京方面的通话内容告诉了张自忠，并问："老蒋让我把你押解往南京，你看怎么办？"

"你就看着办吧。"三十八师就驻扎在济宁、平阴一带，张自忠本来想与二十九军的同袍取得联系之后，重返战场杀敌报国。而如果要将他押解到南京去，南京对他的处分就不可避免。他知道只要他的冤屈未得到洗刷，国人都恨不得对他大卸八块。此时张自忠的内心十分痛苦，想一死了之。

由于张自忠的部队驻扎在济宁、平阴一带，韩复榘担心节外生枝，就派省政府委员张钺与张自忠同吃同住，监视张自忠的行动。这样张自忠实则失去了人身自由。

一次冯玉祥的副官张俊声来看望他，张自忠悲愤地对张俊声说："没有想到会出这样的结果，现在我身上带着安眠药，随时都可以吃下去。"

张俊声知道张自忠的为人，关切地对他说："你如此时死去，一切无以自明，纵然放到大海里也洗不清，必须再干一次，然后再死不迟，方能表明心迹。"张俊声的话说到了张自忠的心坎上，张自忠不禁泪流满面，哭泣着说："若能如此，当是最好，但是不知道中央方面还给不给我杀身成仁的机会？"

张自忠要被韩复榘羁押的消息传开之后，二十九军上上下下以及张自忠的朋友都十分担心。此时冀中平原接连暴雨，前方战事吃紧，宋哲元知道张自忠的事情之后，向蒋介石陈情："张自忠留守北平之事，都是在执行长官之意。张自忠由北平脱险，竟被韩复榘擅自扣押，解往南京，张自忠何罪之有？如果认为张有罪，责任应由哲元来负。当前强敌压境，正需要他这样的将领卫国杀敌，恳请速令其回前方统帅旧部以安军心。"宋哲元还立即派秦德纯过来，陪同张自忠进京，向蒋介石面陈

抗日英雄
张自忠

实情。

自从张自忠离开部队之后，虽然李文田暂时代理军务，但是根本指挥不了刘振三、黄维藩等三十八师的高级将领，甚至连宋哲元的命令都被刘、黄等搁置一边。三十八师的官兵都盼望着张自忠能回到部队，重新凝聚军心。他们听说张自忠到了济南，纷纷派人拜访张自忠，请求他回到部队参加抗战。三十八师在李致远、刘振三、黄维藩、董升堂的统领下，独踞山东平阴，声称谁来打谁，不是张自忠，谁也甭想调动三十八师。

张自忠听到三十八师官兵为了救他向南京施压而不听指挥之事后，就给部下李致远写了一封简要介绍自己处境和鼓励士兵英勇作战的书信：

"……忠冒险由平而津而烟台而济南，刻即赴南京谒委员长面禀一切。在此期间，务望诸弟兄努力抗战，毋庸悬念。抑有言者，忠奉命留平以后，未获与诸弟兄共同杀敌，致令诸弟兄独任其劳，深以为歉；而社会方面多有不谅之处。务望诸弟兄振奋精神，激发勇气，誓扫敌氛，还我河山。非如此，不能救国，不能自救，并不能见谅于国人。事实胜于雄辩，必死而后能生。诸弟兄素抱爱国热忱，际此呼吸存亡，谅必誓死雪耻，不以忠言为河汉也。务望服从命令，拼命杀敌为盼……"

张自忠放弃拥兵自重，来进行与中央讨价还价的机会，而决定只身前往南京接受处分。由于平津沦丧、舆情汹汹，张自忠如果到了南京，很有可能就成为南京政府平息百姓怨言的替罪羔羊，轻则撤职查办，重则入狱判刑，甚至被处以死刑。许多朋友劝张自忠不要冒险南下，一位朋友甚至递给他一张纸条，上面写道：

> 周公恐惧流言日，王莽谦恭下士时。
>
> 若是当年身边死，一生真伪有谁知？

张自忠接到信后，非常感激在他落难之时还有那么多朋友为他仗义执言、挺身而助。然而张自忠接受宋哲元手谕命令的时候即知道跳入火坑，如今又怎么可能因前路凶险万分而踟蹰不前呢。他相信只有亲赴南京陈述事情经过，才有可能洗刷他的冤屈，获得世人的谅解，才有可能以正当的名义，重返战场，杀敌报国。因此，他坦然地说："纵然为了国人的不谅，中枢不能不将我置之典刑，我也决心要去的。"

10月3日下午，张自忠在秦德纯等的陪同下，来到南京四方城。张自忠在一幢屋子的会客厅里见到了一个消瘦、精神的男人。张自忠知道他就是蒋介石，那个决定他以后命运的人。张自忠忐忑不安地向蒋介石请罪道："自忠在北方丧师辱国，罪有应得，请委员长严予惩办。"接着张自忠向蒋介石禀报了留平原因和经过以及脱险历程。

蒋介石听后点了点头，宽慰他道："你在北方一切情形，我均明了，我是全国军事委员会委员长，一切统由我负责。现在舆论反应很大，你的精神和身体都不好，现在安心在南京养病，避免与外人往来。"

蒋介石深知张自忠的冤屈，张自忠留下来与日本人协商之事，寻求最后和平的机会，与其说是执行宋哲元的旨意，不如说是在间接执行蒋介石的旨意。鉴于当时的舆情，对张自忠也只是进行了撤职查办的处分，并没有交到军事法庭去审判，张自忠暂时被蒋介石冷冻。后来由于战时的需要以及冯玉祥、宋哲元、李宗仁等高级将领的请求，1937 年 12 月，蒋介石任命张自忠以军政部中将部附的身份代理由原三十八师改编过来的五十九军军长一职。张自忠得知后，激动得泪流满面，誓言"以热血生命报答国家，报答长官，报答知遇"。

从此，张自忠的人生获得了新生，在以后的抗战中，创造了一个个巅峰时刻，为中国的抗日事业立下了汗马功劳！

第五章　巅峰之路

第一节　战场杀敌

1．重返战场

1937 年 12 月 7 日，张自忠回到河南道口李源屯五十九军军部。几天之后，宋哲元总司令亲自到五十九军各部队驻地巡视、训话，并向部队解释道："张自忠留平是我的主张，是为掩护部队安全撤退的。五十九军军长未派他人，就是为他留着的，现在他回来了，我就让他当军长。"

下面的部下一听，掌声雷动，欢腾一片。

张自忠骑上他久别的战马"长虫"，向下注视着集合的部队。心中百感交集。他终于回到几个月以来朝思暮想的部队，回到了抗战的最前线。

"兄弟们好！"张自忠洪亮的声音在营地回荡。

"师长好！"士兵们终于见了睽违已久的长官，五十九军的士兵都欢欣鼓舞。

"我张自忠今天回来了，说句老实话，我就是要带着大家去找死路，看将来为国家死在什么地方！我张自忠是个不光彩的人，以前的三十八师，现在的五十九军是个不光彩的部队。兄弟们，你们望北看一看，那里有什么？"张自忠伸出拿着军棍的右手，指着北方厉声问道。

"那里有我们死去的战友，有我们沦陷的百姓，有我们五十九军的耻辱。我们为什么得五十九军的番号，我想大家都清楚，就是让我们时时铭记七七事变，是让我们不忘与日军的不共戴天之仇！"说到此处，张自忠已声音哽咽。士兵们有的望着北方，已经涕泗横流。

"现在我们只有两条路可走，要么当孬种，见着鬼子就跑，让国人不耻，让祖先蒙羞；要么做好汉，血洒疆场，拼死一搏，报仇雪恨，精忠报国。五十九军的兄弟们，你们要选择哪一条路呢？张自忠回来，就是来寻死路的，我不知道你们是要当窝囊汉还是要当男子汉？"张自忠大声问道。

"男子汉！男子汉！男子汉！"士兵们都齐声喊道，声音气势如虹、直达云霄。

张自忠的回来使五十九军结束了几个月群龙无首、军心涣散的局面，从此开启了张自忠和五十九军战功卓著、辉煌璀璨的黄金时代。

2. 淝水首战

1938 年 1 月，张自忠的第五十九军调归到第五战区，由李宗仁管辖。此时，华北日军已占领华北大部分地区，而华中日军已占领长江三角洲地区。两地日军企图南北夹击，夺取战略要地徐州，占领整个中原地区。

1938 年 2 月 4 日，李宗仁急命五十九军南下增援于学忠的五十一军，希望扭转不利局面。2 月 13 日，五十九军抵达淮河沿线，部署于姚集、固镇、濠城一带，接替于学忠的防务。

　　张自忠站在淮河边，问道："你们知道这是什么地方吗？这就是东汉名将谢玄率八万军队打败前秦苻坚 80 万大军的淝水之战的古战场。经淝水一战，苻坚被杀，前秦土崩瓦解，东晋收复故土。现在日本鬼子又跑到这个地方了，我们要在这把他们打回日本去，是不是啊？"

　　部下高声回答道："是，把日本鬼子打回老家去。"

　　张自忠感慨地说："现在我高兴极了，只觉得心里十分宽

松，眼前十分光明，因为我们现在只有一个简单的目标，就是和敌人拼一个死。回想过去在平津的局面，要活不能活，要死不能死，那真是一场可怕的梦魇。你看现在清清楚楚，多么爽脆。我们在平津没有为民族国家殉职，这是我们大家的耻辱。现在敌人气焰高涨，正是我们立功赎罪的时候。无论什么部队都可以打败仗，唯有我们不能打败仗。我们只有和敌人拼死，拿真实的战绩，才能使国人谅解，才能洗刷我们的冤屈，才能对得起自己的良心！"

军官们很理解军长此时此刻的心情，纷纷挥舞着拳头高喊："绝不打败仗！""我们不会给军长丢脸！"

"不管我们枪不如人，还是炮不如人，我们都要用我们的精神和血肉来拼命地干一场，作个榜样给人看看。我们活着要活个样子，死也要死个样子。我们要从死里求生，不要存一点侥幸心理。兄弟们，我们要让大家看看，到底谁是混账王八蛋，谁是民族英雄！"

在张自忠的整顿下，五十九军士气如虹、抗战热情高涨。营以上的主官誓约："我军长在平津蒙不白之冤，强敌当前，正是我辈以胜利为他洗白的时候。我们是有进无退，要奋勇杀敌！倘有不明大义的官兵，畏缩不前，一律就地枪决！"

在五十九军的猛烈进攻之下，渡过淮河的日军节节退败。到了2月20日，于学忠部丢掉的小蚌埠等被收回，日军伤亡

2500 余人，被迫放弃北岸的所有阵地，退回到淮河南岸。张自忠回军后的第一战，就使得日军南北夹击徐州的计划破产一半。

3. 捐弃前嫌再救庞炳勋

由于张自忠领导的五十九军将南路日军阻挡于淮河以南，日本大本营不得不改变战略，由北路日军为进攻主力。1938年3月3日，北路日军攻打临沂城的庞炳勋部。在日军炮火猛烈攻击之下，庞部不支，向第五战区的司令李宗仁请求支援。

庞炳勋也是西北军出身，是张自忠的老战友。张自忠曾率部解救过庞炳勋，但是张自忠万万没有想到，在中原战争中，庞炳勋见冯玉祥大势已去，就投靠蒋介石，并且偷袭张自忠部，差点致张自忠于死地，自此两人结下血海深仇。当1933年冯玉祥组建察哈尔抗日同盟军时，蒋介石为了消除异己，决定派庞炳勋、傅作义、冯钦哉等部攻击察哈尔抗日同盟军。作为非西北军的傅作义、冯钦哉等均以师出无名，待命不从，而作为冯玉祥老部下的庞炳勋，因觊觎察哈尔省主席的位子，则悍然冒天下之大不韪，准备赴察驱冯。张自忠得知消息后，对庞的行为极为愤怒与不耻，向庞警告道："你如果打鬼子，我可以帮忙；若打冯先生，可别怪我不客气。"从此，张自忠彻底看扁庞炳勋的为人。当张自忠被调派到第五战区时，就曾向第五战区的参谋长徐祖诒表示："在任何战场，我张某皆可拼一死，唯独不愿与庞炳勋在同一战场。此人不可共事。"

然而冤家路窄，造化弄人，战事再次将两人拉到一起。李宗仁将张自忠请到战区长官部，恳切地说："你和庞炳勋有宿怨，我甚为了解，颇不欲强人所难。不过以前的内战，不论谁是谁非，皆为不名誉的私怨私仇。庞炳勋现在前方浴血奋战，乃属雪国耻、报国仇。我希望你以国家为重，受点委屈，捐弃个人前嫌。我今命令你即率所部，在临沂作战。你务要绝对服从庞军团长的指挥。切勿迟疑，致误戎机。"

张自忠挺直身体，爽快地回答道："绝对服从命令，请长官放心！"

在日本铁军板垣第五军团炮火的猛烈进攻之下，尽管庞炳勋命令部队奋起抵抗，但仍然抵挡不住，整个防线退守到了临沂城。庞炳勋看着筋疲力尽、斗志逐渐消沉的士兵，不经潸然泪下，叹息道："我庞炳勋戎马一生，没想到会落到全军覆没的境地，看来这临沂城就是我的葬身之地。"之后向李宗仁发去紧急密报，报道："庞部士兵死伤过半，士兵都筋疲力尽，如今敌人的炮火不息，临沂城朝夕难保，岌岌可危，特请求友军紧急支援。"

庞炳勋听到密报说援军已在路上，如同喜从天降，心中的一块大石头也落地了。但是一听到援军是张自忠的五十九军之后，如同五雷轰顶，精神轰然倒塌，在心中愤愤不平地骂道：

"李长官啊，李长官，你这是置我于死地啊。你难道不知道我和老张已经结下血海深仇了吗？你派张自忠过来，他老张能过来吗？就算过来了，恐怕也是派一支小部队过来应下差，看我庞炳勋怎么被日本人炸得粉身碎骨啊！"庞炳勋越想越害怕，不停地拖着腿一瘸一拐来回走动。庞的将领们也深知庞张之间的恩仇，看到长官如此心急如焚，焦躁不安，就担心地问道："军长，这怎么办啊？"

"能怎么办？叫人把我的棺材做好。难道张自忠那个混蛋还会救老子？"庞炳勋破口大骂。

在日军的炮火之下，整个临沂城烽烟四起，土石飞天，庞炳勋的脸部也随着枪炮声不断抽搐。庞知道以自己现在的人手和弹药，就是全部士兵与日寇一搏，恐怕也是守不住今天的临沂城了。至于援军方面，也是万万指靠不上。以他与张的恩怨，恐怕张只会作壁上观；就算张自忠真能抛弃前嫌，以抗日大局为重，但是张部才从峄县起身，两军相距 90 公里，远水也解不了近渴。

谁知，没过多久，一个警卫兵兴冲冲地跑进来报告，说张自忠已经率队到了第三军团指挥部，要求会见庞炳勋。庞炳勋一听，急匆匆地拄着拐杖出来了，看到张自忠带着李文田、张克侠、黄维纲等五十九军高级将领正大步流星地走进来。

一看到张自忠的这些手下，庞炳勋就知道张自忠是率全军

抗日英雄

张自忠

之力来解救他的。一想到过去对张自忠的不义之举，不觉得潸然泪下。庞急匆匆地走上前去，握住张自忠的双手，激动地说道："荩忱，没想到你这么快就来了。不过老哥我真的快顶不住了。"

张自忠望着庞炳勋双眼通红、满脸土灰、神情憔悴，想到他今日也在为国尽忠效力，心中也有一丝恻隐之心。"老哥，救急如救火，我命令部队昼夜兼程赶过来的，就是想和大哥并肩作战，与日本人杀得你死我活。"

庞炳勋一听这话，更是羞愧难当。"荩忱老弟，以前都是我忘恩负义，对不起你，对不起冯将军。我庞炳勋再混账也不会做卖国贼，就算战死也不投靠日本人。别人对老弟你的非议，老哥我是绝不相信的。过去我们的不快都是个人恩怨，现在大敌当前，我今天就要拖着老弟你一块上战场了。"

张自忠哈哈大笑道："我倒要让世人看看，我张自忠是不是汉奸！"

庞炳勋一手搭在张自忠的肩膀上，并肩前行。张庞两人相视一笑，数年积怨，顿时冰释。

张庞两人招来高级将领，商量目前对日战斗策略。

庞炳勋说道："目前我军与敌作战已久，师劳兵疲，兵力伤亡过半。目下宜以五十九军接替城防，我部沿沂河两岸戒备，待敌进犯时，咱们合力破敌，不让板垣越雷池半步。弟等意下如何？"

抗日英雄
小故事

张自忠站起来说道："老哥你的主张可以考虑，不过与其坐待敌攻，不如主动出击。在城外取夜战之策，攻敌侧背，以解临沂之围。我部愿承担主攻，贵部可以配合出击。"

庞炳勋问道："那我们什么时候出击？"

张自忠回答："兵贵神速，如今敌我兵力相差悬殊。与敌作战，最好运用近战、夜战。今晚凌晨如何？"

庞炳勋赞同道："这倒是个好主意。"

4．铁军遇到打铁人

计划赶不上变化，张自忠没想到日本的援军先到了，在白天就开始发起猛烈进攻。日军的第十师出击大运河以北的中国军队，板垣的第五师则加强火力进攻临沂。张自忠正在向部下训话，传达作战计划时，就听到炮火攻击临沂城的声音。张自忠赶忙给庞炳勋打去电话："老哥，我就不直接增派援军了。贵军可以徐徐后撤，诱敌深入，这样日军的右翼就暴露在五十九军的正面，对我们是有利的。"

"这次主攻的是板垣的铁军，火力极猛，你们要多加小心。"庞炳勋说道。

"哈哈，铁军我也要打。"张自忠慷慨激昂地笑道。

这板垣的第五师确实了不得，该师辖两旅，共四个兵团，另有两个师直辖骑兵团、工兵团、野炮兵团、辎重兵团，总兵力2.5万人、战马7600匹，拥有世界上当时一流的武器装备。板垣征四郎在20世纪20年代就开始到中国从事活动，被称为日本陆军少壮派的五大"中国通"。板垣是日本人中的坚决主战派，不断策划对中国的战事，震惊中外的九·一八事变正是出自他之手，双手沾满了中国人的鲜血。

张自忠向部下训话道："我们的对手是板垣的铁军第五师，人人都说日本的铁军不好对付。我就不信邪，倒要敲打敲打这块石头。我要看看，到底是铁块硬，还是我们这些打铁人手上的铁锤硬。明天凌晨3时，向板垣军队发起进攻。"

连续三天，整个沂河河西一带硝烟弥漫、杀声震天。经过张自忠部和庞炳勋部与敌激烈的枪战、肉搏战，已经夺回部分失地，并且将日军赶回到小苗家庄和沂河岸边。李宗仁鉴于五十九军经过三天的浴血奋战，已经有3500多人的惨重伤亡，决定将张自忠撤出战斗，转往郯城休整。然而张自忠却不肯撤退，向李宗仁报告："敌军在我军的打击之下，已伤亡惨重。如果我们能坚持下去，定能给予敌人以重创。"李宗仁听后颇感欣慰，立即同意张自忠部继续战斗。

张自忠在对团以上干部的谈话中说道："我军伤亡很大，敌人伤亡也很大。敌我双方都在苦撑，战争的胜负，取决于谁能坚持最后五分钟。既然同敌人干上了，我们就要用精神和血肉拼命干一场，争取一个像样的结局！"

张自忠命令道："董升堂、刘文修，我把主攻的任务交给你们，把茶叶山、刘家湖给我拿下来，否则军法无情。"

董、刘都是张自忠一手提拔上来的干部，对张自忠忠贞不渝。两人当即立下军令状："如果拿不下茶叶山、刘家湖，绝不回来见军长。"

董、刘下去之后，马上布置夺取茶叶山的进攻计划。董升堂旅长说："敌人占据茶叶山的制高点，我们要拿取茶叶山，就必须派出敢死队向高地突击，与敌人短兵相接，有自愿去的吗？"

"我愿意亲率我营的士兵前去突击。"冉德明站起来，意志坚决地说。

"好！冉营长突击的时候，各团用轻机枪和炮火掩护。"董升堂说道。

夜10时，刘文修的二二八团向茶叶山发起进攻。在轻机枪和炮火掩护下，冉德明率领的第二营士兵义无反顾地往茶叶山高地冲去。敌人的枪弹如雨般密集地扫射过来，前面的士兵一个个中弹倒下。第二营的士兵毫无惧色，跟着冉德明一起匍匐前进。"啪啪啪"一连几枪，呼啸而至，击中了冉德明，此时冉营长已经无法再动弹了，却用坚定的声音喊道："往前冲！"

随身护兵冒着生命危险将冉营长抬下火线。冉营长自知不救，用微弱的声音对身边的士兵叮嘱道："我这伤是救不了啦，我有三个愿望：一是希望张军长能亲眼看一看我的尸体。我自幼跟着张将军，我想对他说，我冉德明没有辜负他对我的教诲；二是给我立一小块碑；三是不要将我死讯告诉老婆孩子，战事平定，希望能把他们送回河北完县老家。"

张自忠得到消息后，马上赶到茶叶山前线，见冉德明最后一面。然而，此时冉德明已经过世。张自忠走到冉德明的遗体旁，用手帕轻轻拭去他脸上的血迹和灰迹，不禁流下泪来。想到冉德明常年跟着他，尽职尽责，尤其是在天津时期，冉德明担任张自忠的卫队连连长，彼此亲如手足，感情至深。张自忠抱着冉德明的遗体，大声呼道："好兄弟，你死当其所啊，我们一定会为你报仇，你放心走吧！"之后，张自忠将冉德明的遗体运到河南郑州，埋在西北军专门安葬死难官兵的"义地"里，为他立了高 2 米，宽 1 米的墓碑。

当张自忠在驻马店时，冉德明的老婆李秀芬带着两个小孩从河南漯河一路乞讨，来到驻马店打听冉德明的信息。张自忠亲自接见了李秀芬，悲痛地告诉她冉德明已经逝世的消息。李秀芬一听到这个消息，犹如五雷轰顶、放声大哭。张自忠告诉李秀芬："冉营长在抗日战场上牺牲，死得光荣，死得是有价值的。今天我张自忠在，说不定哪天我张自忠也会牺牲在抗日战场上，这是一个军人在国难当头时，对国家应该尽的责任，冉营长已经葬在郑州，人死不能复生，不要过于难过，要坚强地活着，要好好抚养孩子，让他们长大成人，把日本鬼子赶出中国去，替父报仇。今后有我张自忠一天，就有你们母子一天，两个孩子的教育费由我负责。你们现在可以暂时随队伍生活，以后我的家眷在哪里，就送你们去哪里，与我的家眷在一块儿。"之后由于张自忠的夫人一直患病不起，张自忠就把李秀芬母子托付给冯玉祥夫人李德全，李夫人不负重托，将他们安置在"抗日救亡战时儿童保育院"，并转交张自忠给的 1000 元。

到了 17 日凌晨，敌人的炮火越来越猛烈，眼看部队的进攻疲弱下来，刘文修团长为了鼓励士气，给每人发了 100 元钞票。官兵们杀得红了眼，纷纷将钞票撕得粉碎，抛向空中。喊道："我们命都不要了，要钞票又有何用？我们要和鬼子同归于尽，誓死完成任务。"接着，又拿起武器，再次投入战斗。在官兵们前仆后继、拼死猛攻之下，日军伤亡惨重，渐不能支，残敌被迫向白塔方向逃窜。

同时，一一四旅的二二七团队向刘家湖日军发起攻击。当五十九军的英雄们赶到刘家湖时，驻扎在此的敌军正在酣睡。趁此机会，士兵们用炮火猛烈轰击村中的日军。日军仓皇应战，乱作一团，到了17日夜，大部分敌人都被手榴弹炸死。此战，日军弃尸400多具。

另外，一八〇师在16日的对敌进攻中也将敌人歼灭，收复了大太平及以北的几个村子。残敌一部分向莒县后退，一部分向汤头溃退。在敌人溃败的路上，到处丢弃着弹药、衣物、食品、书籍、信件以及日本人极为珍重的小太阳旗和"千人缝"等物品。在五十九军缴获的物品中，发现了板垣征四郎仓促逃跑留下来的印章和呢大衣。

自此，张庞两部经过几天的浴血奋战，终于将号称铁军的板垣第五师击溃。

之后，张自忠想趁机追击逃军，但是由于川军第一二三师被日本第十师击破，滕县失守。日军第十师直扑台儿庄、徐州地区。20日晚，李宗仁向张自忠发来指示："第五十九军（除了一一二旅外）即调费县，准备向泗水、滕县转进。"这使张自忠错失围歼汤头地区板垣支队的良机。至此，第一次临沂之战结束。

本次战役，共歼敌 5000 余人，重创板垣部队，斩断了北路日军的左臂，粉碎了日军板垣、矶谷两师会师台儿庄的计划，拉开了台儿庄大捷的序幕。临沂战役是抗战以来，中国军队在较大规模的战争中，获得的第一场胜利，极大地鼓舞了国内抗战的热情和信心。

5. 临沂再捷

3 月 20 日晚，张自忠得到李宗仁的撤出命令后，五十九军主力部队经过一昼夜的行军，到达费县附近。而当板垣得知张自忠的主力从临沂撤出之后，顿觉天赐良机，内心狂喜不已，马上集结部队，转头对临沂重新发起进攻。而守卫临沂城的庞炳勋部经过近月余的厮杀，已经伤亡惨重，几乎没有战斗力了。面对板垣部杀的回马枪，庞炳勋部几乎无力抵抗，临沂城再次危在旦夕。庞炳勋不断向李宗仁发出增派援军的请求。23 日，蒋介石、李宗仁向张自忠发出命令，要求他率军重返临沂，协助第四十军歼灭临沂北方之敌。当张自忠向部下转告中央的命令后，大家顿时怨声载道，情绪激愤。

董升堂旅长向张自忠说道："师长，兄弟们真的是不想走了。大伙连续强行军了几日，从 3 日赶到临沂战场之后，半个月刀里来火里去，兄弟们用生命与日军拼死一搏，才把板垣打得抱头鼠窜。我们占据大好时机，不让我们为死去的兄弟报仇，乘胜追击打板垣，倒把我们调到费县。大伙没日没夜又累又饿地走了一天，到了费县，又叫我们回临沂。师长，兄弟们心中都憋着一股气啊。"

张自忠向大家说道："我和大伙一样生气，但是我们就是山川中的一条小河，面对日本这个强大的敌人，我们只有汇入了大江大海，才能对抗敌人。只有联合了各军，甚至全中国人民的力量，我们才有可能赢得最终的胜利。因此，我们作战不但要顾及个人战场，还要顾及到全局。现在我们要抛开私利，为公利、顾全局。我们要忍受暂时的牺牲和委屈，朝着最终的目标——消灭日寇而迈进！"张自忠在场上说得悲情壮烈、合情合理，大家泪如雨下，一股脑地把满腔的委屈与痛苦都倒出来了。

23日夜10时，五十九军的官兵们再次拖着疲惫的身躯，踩着冰冷湿滑的小路向临沂迈进。24日下午，张自忠再次见到庞炳勋。此时，庞炳勋显得更加疲惫和苍老。一见到张自忠，就如同见到救星，双手紧紧地搂着张自忠的肩膀，激动地说道："荩忱老弟，板垣的攻势比上次还要厉害，这次老哥的命就交给你了。"

张自忠坚定地说："老哥，我一定尽力解除临沂之困。"

由于板垣的部队在张自忠赶来之前，已经占得先机，拿下了多个重要的军事据点。这次，与板垣部的战斗尤其惨烈和艰巨。由于刚刚经历了第一次临沂会战，张自忠已经损失了近

4500名英勇的官兵，再加上连日来的战斗和长途跋涉，全军身心疲惫、士气低落。张自忠不断地骑着白马亲临第一线对将领进行训话，并指挥作战。

张自忠鼓励士兵道："我困难，敌之困难更大；我苦战，敌之苦楚数倍于我。如今敌我双方均到最后关头，看谁能忍最后之一秒，谁就能成功。"

官兵们见军长毫不畏惧敌人的炮火亲临前线指挥，慷慨陈词，大受鼓舞，拼死与日周旋，固守阵地，毫不退却。

29日，援军二十军团骑兵团和五十七军三三三旅先后到达临沂。30日，日军抵挡不住攻击，再次溃败。第二次临沂战役胜利结束。

国民政府鉴于张自忠在临沂战场上建立的奇功，特颁令撤销对他"撤职查办"的处分，张自忠从五十九军的代军长升任为军长。4月3日，张自忠升任为第二十七军团军团长，辖第五十九军和第九十二军。自此，国内对张自忠的非议减少，开始歌颂张自忠的抗日英雄行为。

第二节　徐州撤离

1. 掩护主力撤退

1938年4月，蒋介石调集45万大军，驻扎在徐州地区，打算与日军一决雌雄。随即，日本逐步增兵到 30 万左右，从侧面包围徐州，企图歼灭中国军队。中国军队数量虽多，但是军队部署处于不利地位，如果继续待在徐州，很有可能遭遇全军覆没的悲剧，因此，为了保存抗战的有生力量，避免不必要的牺牲，蒋介石在 5 月 15 日召开的最高军事会议上，决定将部队从徐州突围出来。16 日，在第五战区的将领会议上，决定战区所属部队分三路由日军兵力薄弱的西南面，向豫皖边界山区突围，张自忠指挥第五十九军及第二十一师、第二十七师、第一三九师等部殿后，掩护部队撤退，完成任务后撤至河南许昌集结。

在军事中，撤退往往比进攻更考验部队的素养。一般两军作战时，击鼓吹号，士兵凭着勇气和斗志，还能向前冲锋。然而军队一旦处于劣势，需要转移的时候，官兵们在恐慌中，往往是到处乱窜、溃不成军，士兵找不到长官，长官也管不了士兵，因此，一次成功有序的撤退往往比成功的战斗更加困难。而对于掩护大部队的撤离，更是难上加难。如果掩护成功，作为退败之军，没有什么功劳，而一旦殿后失败，则会导致自己部队的大量伤亡，因此一般的将领为了保存自己的实力，往往都不愿意接受这种吃力不讨好的任务。张自忠的部队已经经历了 3 个多月连续作战，尤其是两次临沂作战，伤亡一万四千多人，导致五十九军几乎伤亡过半，战斗力急剧减弱、急需休整。

然而当李宗仁把这次掩护主力撤退的任务交给张自忠后，张自忠仍然毅然接受了。

在北平，为了保存力量，为二十九军南撤争取时间，张自忠一人留下，忍辱含垢，与日本人周旋，从而遭受国人的误解和辱骂。如今，为了让45万国军免受日军围剿，他又率领诸军担当殿后任务。虽然两次任务都困难重重，但这一次，张自忠的精神是愉快轻松的，他愿意光明正大地与战友并肩作战，把人人畏惧、急于摆脱的任务当作向世人证明清白、为国尽忠的机会。

2．殿在最后

5月15日，张自忠回到营地，在军中高级将领的会议上，将部队分成三路，部署掩护部队及与进犯之敌展开战斗的任务。

5月18日，当主力部队都从徐州撤出之后，张自忠才下令各部放弃当面阵地，开始撤退。他让三十二军、二十七师、二十一师先行，自己则率领五十九军一八〇师和一一二旅殿后。

然而在一一二旅刚开始撤退的时候，就被日军包围在徐州以西的一个车站内。日本人坐在热气球上监视一一二旅的动向，使得一一二旅不能轻举妄动。张自忠得到消息之后，多次派人与车站内的一一二旅进行联系，都未成功。日本军人等着瓮中捉鳖，将一一二旅5000多人全部消灭。而一一二旅的旅长李九思急中生智，想出个遁地术的妙招，召集全旅官兵趁着夜色挖掘地道。官兵们挥汗如雨、彻夜劳作，终于挖出一条地道，神不知鬼不觉地逃过敌人的包围圈，顺利地与一八〇师会合，向徐州西南萧县方向前进。第二天，敌人对车站发起进攻，却没人还击。当日军士兵冒险进入车站后，发现车站内已空空如也，人去楼空了。

19日黄昏时分，一小部分日军占据了大军撤退前方的一个村庄，企图拦截各路撤退的军队。撤退到此的军队知道日军在此设有据点之后，不知敌人虚实，不敢向前行军。没过多久，囤积在此的军队越来越多，乱成一团，都在此观望，没有一个部队愿向敌人进攻。两个小时之后，张自忠率队赶到此地。李仙洲前来禀报情况，请示办法。张自忠想了想说："我以一个旅监视该股日军，你们各部队可以即刻先行。开进时要有秩序，切不可惊慌。"各个部队就在张自忠所率士兵的掩护之下，顺利撤退了。而驻扎此地的日军数量不多，本来就是想趁中国军队撤退时的惊慌失措进行有力的打击。当他们见到中国军队秩序井然地退去，便不敢轻举妄动，只有眼睁睁地看着大军全部走掉。张自忠在撤退中勇于担当、不怕牺牲的精神，获得各个友军的钦佩。

在此后的撤退中，张自忠的五十九军为各个部队殿后，而张自忠则为五十九军的士兵殿后。在撤退途中，张自忠命令所有的官兵都要走到自己部队的最后面，而自己走到所有部队的最后面。长官所用的军车、驴马等交通运输工具，全部用来运输伤员，所有的长官都得步行撤退。士兵们看到自己的长官都在自己的后面，就毫不慌张地且行且退，徐徐开进，始终保持着战斗队形。

张自忠走在部队的最后面，冷静沉着，毫无惧色，时时面临危急时刻，几次与死神擦身而过。一次，张自忠与手枪营走在全军的最后面。黄昏时分，一支日军装甲车部队向张自忠部追来，距离越来越近，张自忠令大部队先行，自己则指挥手枪营埋伏于公路两侧的壕沟里，准备用集速手榴弹破敌坦克。日军察觉前方设有埋伏，没敢过来。而张自忠则叹息错过了让鬼子见西天的机会。

还有一次，部队在一个小镇上休息，突然飞来了三架敌机，一阵狂轰滥炸，街道旁边的几十所房屋瞬间变成瓦砾。张自忠趴在路边凹入处，一颗炸弹在附近爆炸，气浪溅起泥土，掀掉了他的军帽，泥土盖了他一身。敌机过后，他站起来，弹掉泥土，戴上军帽，说说笑笑继续行进。他这种临危不乱、处变不惊的态度给官兵们以深深的感染，有效地稳定了军心。当部队走到睢口镇北一个村庄时，与敌军的一支队伍相遇，接着敌人的大军拥至，一时炮弹如雨。张自忠令所有的部队展开，与敌人激战了一整天，敌军不能迫近。趁其气势渐挫，张自忠部才在暗夜中继续登路，从这里经过淮阳，一直到达许昌。

作为高级将领，能够在艰苦而危险的远程突围中走在部队的最后，这在国民党军中是极为罕见的。因而张自忠的事迹很快就传开，甚至蒋介石也有耳闻，但是他未亲睹其事，就半信半疑。有一次他遇到冯玉祥，就向他询问："徐州队伍退下来，张自忠在最后走是真是假？"冯玉祥回答："一点也不假。"并且把他了解到的事告诉了蒋介石。蒋介石知道后颇感欣慰，连连点头道："真是好将领。"

经过千里跋涉，五十九军终于在 6 月 1 日抵达目的地许昌。张自忠指挥少数部队为数十万大军殿后，不仅成功地完成任务，而且一路上有不少斩获，五十九军也从日军眼皮底下全师而还。

日军不仅未能围歼第五战区主力，甚至连一个尉官也没有捉到。徐州突围的成功，使中国军队保存了数十万有生力量，这对于坚持持久抗战具有重大意义。

3. 千里家书

张自忠自从南下之后，就再也没有回过家。李夫人又由于身体孱弱，无法南下，就一直住在天津的租界里。张将军到达许昌之后，收到七弟张自明的来信，信中说夫人病危。张自忠得知消息，心中焦虑，但是目前国家处于危难之中，自己无法脱身，也无法照顾夫人，只得提起笔给夫人写了一封简短的来信："接七弟信，知你患病，盼望你安心治疗，多加保重，能早日恢复健康。望上帝保佑。"

然后又向七弟写了一封信，陈诉自己的胸中志愿："吾自南下参加作战，濒死者屡矣。濒死而不死，是天留吾身以报国耳。吾久在兵间，能习劳。或疲惫至极，转念当此国家民族生死存亡关头，吾幸而得为军人，复幸而得在前线，出入枪林弹雨之中，而薄有建树。吾形虽劳苦，心则至慰也。方今寇益深矣，国益危矣，吾辈军人责亦重矣。吾一日不死，必尽吾一日杀敌之责；敌一日不去，吾必以忠贞至死而已。吾既以身许国，家事非吾所暇问，且家中有弟负责整顿教养，吾何虑焉！然亦盼吾弟勿以我为念也……"

第三节　随枣会战

活关公

1937年4月，日本集结10万余兵力，企图将张自忠所在的第五战区的官兵围歼于枣阳东北地区。5月，日军向襄河东岸进发，随枣会战爆发。此时张自忠已经升任为第三十三集团军总司令、第五战区右翼兵团总司令。

张自忠一战于淝水、二战于临沂、三战于徐州，身先士卒，率领部队打了一场场硬仗、漂亮仗，但是也使自己的嫡系部队人员武器损失惨重。由于蒋介石善弄权术，厚此薄彼。在部队的整修方面，对非嫡系部队的兵员和武器补充极其不足。张自忠部虽然作战英勇，屡建奇功，但也不能免于这个厄运。在这次随枣会战中，张自忠所率领的右翼部队，武器装备落后，人员严重不足。在如此恶劣条件之下，张自忠不断激发战士的抗战热情和牺牲精神。在他对全体将领的信中说道："今日之事，我与第等共有两条路可走。第一条是敷衍，大家敷衍。一切敷衍，我对弟等敷衍，弟对部下也敷衍；敌人未来，我们是敷敷衍衍地布置，敌人既来，我们也是敷敷衍衍地抵抗，敷衍一下就走。这样的做法，看起来似乎聪明，其实最笨；似乎容易，其实更难；似乎讨便宜，其实更吃亏。因为今天不打，明天还是要打；在前面不打，退到任何地方还是要打。完是一样的完，牺牲是一样的牺牲，不过徒然给世人嘲笑。所以这条路的结果，一定是身败名裂，不但国家因此败坏于我们之手，就连我们自己的生命也要为我们所断送，这就等于自杀。所以这条路是死路，沉沦灭亡之路……"

张自忠说得慷慨悲歌，感人肺腑。

5月8日，抗战形势严峻之时，张自忠亲自到达河东地区。在他的英勇指挥之下，张自忠部队歼敌4000多人，使日本的主力部队无力继续作战，这直接导致了随枣会战中国方面的胜利。

日本军队一般对武器装备差的中国杂牌部队不屑一顾，然而与张自忠的多次交锋均告失败之后，再也不敢对张自忠掉以轻心。张自忠英勇善战的名声迅速地在日本军队中传播开来，日本人对张自忠又怕又敬，都尊称张自忠为中国的"活关公"。

抗日英雄

张自忠

第六章　将星陨落

第一节　大战前夕

1. 收拾旧山河

1940 年，中国的抗日战争正面战场进入了严重困难时期。日本为了迅速解决"中国事变"，决定发动攻势，夺取枣阳、宜昌，以此控制长江交通、截断大后方重庆的补给线。由于1939 年底，国军主动发动冬季攻势，予日军严重打击，尤其是张自忠部所在的第五战区，攻势猛烈，使华中地区日军大本营武汉受到严重威胁，日军遂决定对国军第五战区发动报复性作战，企图将第五站区的主力围歼于枣阳、宜昌地区。

1940 年初，日军就开始秘密集结部队，计划第一期以 4 个师 8 万人的主力兵力，歼灭第五战区襄河以东地区的野战军。为了应对敌人的进攻，张自忠所属的第五战区积极制订应对计划。作为第五战区右翼兵团总司令的张自忠，指挥第二十九、第三十三集团军及第五十五军，担任襄河河防及大洪山之守备。

1940 年 4 月，军训部长白崇禧到右翼兵团视察工作，并督促各部做好作战部署工作。白崇禧对张自忠说："日军这次来势汹汹，妄图消灭我第五战区兵力，夺取重庆门户——宜昌，占领鄂北鄂西广大地区。荩忱，你右翼兵团守卫地区战略地位极为重要，一旦开战，敌人可能会集中兵力向你进攻，今后你作战任务会相当繁重啊。"

张自忠回答："我已将主力兵力部署于襄河以东的长寿店，阻击南面钟祥和西面随县方向过来的敌人。剩下兵力布置襄河以西，守卫襄河河防。现在我正加紧进行部队训练，提高部队的战斗力，准备与日寇拼死一搏。只要我张自忠一日不死，必尽一日杀敌的责任。如果日本人要过襄河，先得从我张自忠的尸体上跨过。"

两人商谈完，刚要走出营房的时候，白崇禧看到墙上贴着一张字画。其字狂放不羁、瘦直有力。白崇禧打趣地说："茂

忧，我还不知道你喜欢舞文弄墨啊。"

张自忠笑道："在西北军的时候就养成了这个习惯，闲暇时候练练字。平时没啥嗜好，也就这个了。都几十年了，放下枪杆子，就拿起笔杆子。如今战事吃紧，没有时间写字了，就把旧作拿出来贴上，得空看一看，聊以自慰。"

白崇禧走近，仔细端详，恍然大悟般说道："这正是岳飞的《满江红·怒发冲冠》啊。"并激动地念道："怒发冲冠，凭栏处，潇潇雨歇。抬望眼，仰天长啸，壮怀激烈。三十功名尘与土，八千里路云和月。莫等闲，白了少年头，空悲切！靖康耻，犹未雪；臣子恨，何时灭？驾长车，踏破贺兰山缺。壮志饥餐胡虏肉，笑谈渴饮匈奴血。待从头，收拾旧山河，朝天阙！"张自忠也一块念，声音越来越激昂澎湃。

白崇禧转过头来，与张自忠双目相交，形神相会。

张自忠神情庄重地说："健生（白崇禧的字），我时时刻刻都想着杀回中原，光复华北，以雪前耻！"说至此处，他泪流满面。"我听说人生平均年龄不过五十左右，事业能够成就也定于五十左右。健生，我今年已经五十了，我怕我这一生，就这么庸庸碌碌过去。我相信中日一战，中国必将胜利。但这种胜利绝不会轻易到来，必须用鲜血和头颅去争取。我就等着有一天能舍身成仁，有裨于国家、民族。"

白崇禧听后也感叹唏嘘，说道："精忠报国乃我军人之职责，荩忱，你的忠心是众所周知。现在中日双方进入战争的相持阶段，我们举步维艰，不过敌人的战线拉长了，也不好过，只要我们坚持下去，终会突破局面，反败为胜的。现在你好好守住襄河，我们计划联合全部战区力量，协同作战，将敌人有生力量一举击灭。"

张自忠相当平静地说："现在我只求做好军人的本分，以求得良心上的安慰。"

白崇禧听后感慨良多，曾私下说道："如果中国军人都如张自忠那样，中国绝不会落到现在的下场。"张自忠自抗战以来，即抱着一死的决心，与日抗争。他的尽忠报国之志、舍生忘死之情不断地激励着下属、长官，同时也表现出中国军人大无畏的精神。

2．战死真难

1940 年 4 月 5 日，一代爱国名将宋哲元于四川绵阳抱憾而终。张自忠听到这个消息，如晴天霹雳，悲痛万分。

宋哲元是张自忠最敬重的长官，是从西北军到二十九军时期的战友、知己。几十年来，同甘共苦，患难与共。他们在冯玉祥的军队中并肩作战；中原战败后，力挽狂澜，重拾旧部，共建二十九军，保留西北军的最后一点血脉；一起苦心经营华北地区，将一支败军发展成以爱国著称的十万大军；又一块经历痛失战友、兵退平津、国人误解的痛苦。

宋哲元自南苑失守，兵退保定之后，曾担任第一集团军司令，指挥前线抗日战争。1938年3月，第一集团军番号撤销，宋哲元被架空，专任第一战区副司令。由于遭到蒋介石的排挤打压，以及对失守平津的自责，他终日闷闷不乐、积郁成疾。此后相继在湖南衡山、广西阳朔、重庆以及四川绵阳等地养病。宋的家人几次劝诫他去医疗条件好点的香港治病，但是他不愿离开这片故土，不愿离开热血奋斗的弟兄。宋哲元离职养病后，虽遭受病痛折磨，却常常念叨要重返沙场、收拾山河。他关心张自忠、冯治安、刘汝明等旧部下在前方的抗战事业，设法探悉他们的情况，默默记心。为激励旧部效命疆场，奋勇杀敌，1939年12月1日，宋哲元亲笔致书第三十三集团军官兵。书谓："……张将军自忠、冯将军治安，均是智勇兼全的名将。张将军自忠带五十九军，破敌于临沂，全国没有不称赞的。冯将军治安，驻扎寿阳，以一连之力破五营之敌，使之不敢前进。张、冯二将军，并与各位在喜峰口杀敌建立奇勋，人人颂扬，均是从有智有勇得来的，大家要好好地服从他们，效法他们……"

4月17日，张自忠、冯治安率领三十三集团军将领专程由鄂北前线赶赴四川绵阳送殡，并献上挽联：

率全军哭我公虽死犹生敢继执干戈卫社稷之志

感知己报祖国此身尚在决不苟富贵惜生命而存

宋哲元的侍卫告知张自忠，宋先生临死之前曾说："一个军人不能死在战场，反而病在床上，不能再参加战斗行列，把日本人打垮了，不能看见抗战胜利，死不瞑目！你们告诉张自忠他们，定要努力奋斗，收复失土。"并不断地喃喃念道："战死真难！战死真难！"

听到宋先生的遗言，更坚定了张自忠以死殉国的决心。

张自忠向同行的冯治安说："麟阁、登禹死在北平南苑，如今宋先生也驾鹤西去，西北同仁，只余你、我、汝明等数人了。我不知几时也要与你们诀别。宋先生教导我们努力奋斗，收复失土。我们应下定决心，为国家、民族尽最大的努力，不死不已！只有如此，死后与他们遇于冥途，亦必欢欣鼓舞，毫无愧怍。"

张自忠没有辜负老长官的期望，在一个月之后，血洒疆场，气贯长虹。

第二节　尽忠报国

1. 血洒疆场

1940 年 5 月 1 日，日军采取两翼包抄、分进合击战术，由信阳、随县、钟祥三地分五路向第五战区中国军队发动全面进攻，枣宜会战正式开始。张自忠指挥的第五战区右翼兵团一部分用于守卫襄河河防，另一部派往襄河河东，阻击敌人进攻。

5月6日，河东将士与敌作战十分艰难，有好几处军事要点甚至被日军攻克。张自忠为了鼓励士气，决定渡河督战。众将领一听，纷纷站起来，劝说道："总司令应该坐镇，不能去啊！"其中有个将领哭着说："设官分职，各有专责。一个指挥十几万军队的兵团总司令，应该运筹帷幄，掌握全盘，绝不应该带领少数人到第一线与敌人拼命。否则，对整个战局和国家的安危都是十分不利的。"

张自忠坚定地说："你的建议是对的，但我有我的想法，日本人之所以敢如此猖狂，不是他们不怕死，而是我们太怕死了。如果我们不怕死，他们就不敢为所欲为了，所以，我想以自己的行动乃至鲜血和生命激励全国人民战胜日本帝国主义。我死了总司令有人当，怕什么？不要哭了，也不要说了，你的心意我很理解。"

接着张自忠给右翼军团的副总司令冯治安写了一封信，说道：

仰之我弟如晤：

因为战区全面战事之关系及本身之责任，均须过河与敌一拼。现已决定于今晚往襄河东岸进发。到河东后，如能与三十八师、一七九师取联络，即率该两部与马师不顾一切向北进之敌死拼；设若与一七九师、三十八师取不得联系，即带马之三个团，奔着我们最终之目标（死）往北迈进。无论作好作坏，一定求良心得到安慰。以后公私，均得请我弟负责。由现在起，以后或暂别或永离，不得而知。专此布达。

小兄张自忠手启

五·六　快活铺

张自忠着装非常简便，通常都是一套蓝色普通士兵服，而这次却一反常态，穿上了黄呢军官服，戴上领章。5月7日，张自忠带着特务营和四四〇团乘着一叶扁舟在夜色中渡过襄河，以"风萧萧兮易水寒，壮士一去兮不复还"的气度，奔赴河东战场。张自忠渡河之后，来到主力部队三十八师战场，并将信息中断、各自为战的军队建立起了联系，逐渐控制了局势。与日作战的士兵听到总司令亲赴河东战场，士气大振，作战英勇，与日作战颇有斩获。

张自忠所率领的部队作战英勇，杀敌无数，早已经成为日军的眼中钉、肉中刺。日军为了绞杀张自忠及其部队，命令部队故意做出退却的假象，实则是想用精锐之师去消灭张自忠部。当时日本第三师团在北方被汤恩伯部和孙连仲部三面围困，但日本第十一集团军司令官园部为了奸灭张自忠，甚至不顾遭受围困的第三师团，而命令第十三、第三十九两个师团以及池田支队继续南下攻击张自忠部。此时，日本第十一集团军的主力部队都南下了，张自忠部本应该避其锋芒，使日军扑空，寻机集中力量分别围歼来犯之敌。但是由于蒋介石以及第五战区长官被日方的假情报迷惑，错误判断形势，盲目地认为日军是由于不支而向南败退，命令张自忠以弱兵去迎强敌，追击向南逃窜的敌人。此时，张自忠的河东部队虽然是 5 个师的番号，但实际却只有 2 万人左右，而且很多都是刚刚招募过来的新兵，根本无法抵挡南下几路大军。然而，张自忠以"服从命令为军人的天职"，当即调整部署，不折不扣地完全服从上级的命令。

为了截击敌人，张自忠命令自己的王牌军队三十八师从左路追击敌人，而自己则率领军中实力最弱的七十四师从右路赶往方家集追击敌人。不幸的是，国民党的无线电技术落后，张自忠总部发出的无线电密码都被日军通讯部队破译，导致张自忠的行动被日军完全掌握。日军第十三师与第三十九师、第四十师集结一万多人在方家集从多个方向合力夹击张自忠。

5 月 15 日，张自忠转移到南瓜店一带，而围击的敌人则越来越多。士兵们的神色越来越紧张，而张自忠仍旧泰然自若。晚上，张自忠还去了南瓜店的老百姓家中，每家每户给了

10 块钱。

16 日早晨，敌人的包围圈越来越小，张自忠向七十四师发出命令："对敌人要狠狠地打！子弹打完了要用刺刀拼，刺刀断了用拳头打，用牙咬！"到了中午，日军的进攻越来越猛烈，张自忠部的士兵伤亡越来越大。眼见日军日益迫近，徐惟烈顾问小心地向张自忠建议："总司令，移动移动位子吧！敌人三面包围我们，不如暂时转移，重整旗鼓再与敌决战，不必要的牺牲应该避免。"张自忠则勃然大怒说道："我奉命截击敌人，岂能自行退却！当兵的临阵退缩要杀头，总司令遇到危险可以逃跑，这合理吗？难道我们的命是命，前方战士都是些土坷垃？我们中国的军队坏就坏在当官的太怕死了。什么包围不包围，必要不必要，今天有我无敌，有敌无我，一定要血战到底！"

由于敌人从战俘口中得知了张自忠所在的确切位置，便拼命往张自忠所在的杏仁山进行炮击。李文田参谋长见已处于生死攸关之际，忍不住向张自忠劝道："总司令，我们人太少了，三十八师又赶不来，看情形是顶不住了，还是暂避一下，到山那边整顿一下再说吧！"

张自忠看着这个跟随自己多年的副手，心痛地说："怎么？老李，你也孬啦？"

李文田见再待下去就铁定没命了，狠下心来说："论公你是我的长官，论私你是我的朋友，我理应跟着你，帮助你，但今天这个仗实在是打不下去了。现在赶紧转移还来得及，我劝你马上撤离吧。你实在不走，我们要走了。"

张自忠顿时背脊发冷，心中一片凄凉，然后沉痛地说："老李，你们谁都可以走，但是我不能走。如果我现在引诱敌人于此，而三十八师能够顺利到达，可以从外围反包围敌军，这将会有力地歼灭敌人，打赢这仗。"

接着，张自忠安排顾问等撤离战地，自己则带着部队苦等援军、孤军奋战。然而援军迟迟未到，张自忠的肩膀也被炮片所伤。

七十四师与日军越战越惨烈，张自忠甚至将自己的部分卫兵派去支援。而山下的敌人已从四面八方围了过来，眉目可见，敌我短兵相接，混战一起，展开了惊心动魄的肉搏。到了下午三点，张自忠的部下几乎伤亡殆尽，大批日军向张自忠所处的山峰步步逼近。张自忠此时已经身负重伤，看着身边的卫士说："你们快走吧，我不行了，我报国的时候已经到了。"张敬、马孝堂等卫士围着张自忠，怎么也不愿意离开张自忠半步。张自忠遂拔出腰间的短剑自残，卫士大惊，急忙将他抱住。张自忠脸色苍白，平静地说："我这样死得好，死得光荣。对国家、对民族、对长官良心很平安。你们快走！"

此时，一名日军登上山峰，端着刺刀要刺杀张自忠旁边的卫士马孝堂，张自忠怒目圆睁，抓住敌人的刺刀，以自己的身体掩护马孝堂。这时，一颗子弹向张自忠射来，穿过张自忠的腹部。接着另一颗子弹打中他的右额。就这样，一代抗日名将尽忠报国，轰然倒下。

2. 英烈千秋

一名日本少佐士兵看到这具穿着绿色军官装、身材魁梧的男性尸体旁边，横七竖八地躺着多具中国官兵的尸体。从尸体的样子可以看出，他们生前都在竭尽全力想保护那位穿着绿色长官服的军官。看着这个情形，日本士兵料想被击毙的一定是位中国高级将领。他走近搜查尸体遗物，发现一只刻有"张自忠"三个字的派克钢笔。少佐士兵见后，心猛地一跳，惊讶地端详着这具血迹模糊、伟岸高大的遗体，顿时肃然起敬，"啪"的一声立正、向着遗体敬了个军礼。日本师参谋长专田盛寿上校亲自核验尸体后，马上叫人将张自忠的伤口用酒精细细地清洗一遍，用绷带裹好，小心翼翼地装进棺材里，葬在陈家祠堂后面的土坡上。在葬礼上，日本士兵在写有"'支那'总司令张自忠之墓"的灵牌前怀着崇敬的心情鞠躬敬礼。

16 日晚，三十八师的支援队伍赶到南瓜店，惊闻张自忠为国捐躯的消息，黄维纲师长悲痛万分，亲自率领便衣队赶到陈家集，将张自忠的遗骸从墓地里取出运往襄河河西，之后又派人在张自忠将军初葬之处，立一个"张自忠将军之墓"的石碑。

5 月 21 日，张自忠的灵柩从襄河西岸的总指挥部快活铺运往陪都重庆。当灵柩运往宜昌县城的时候，当地官民自动在沿途送灵。此时，空中响起空袭警报，送灵人员的头顶上盘旋着日军飞机。平时，警报一响，整个城市乱成一团，市民惊慌失措地逃跑，此时，送灵的人们怀着悲愤的心情仍旧井然有序地行走。让人更感意外的是，日本的飞机在上空盘旋了几圈过后，没有丢下一颗炮弹，就飞回去了。

28 日上午，蒋介石率领冯玉祥、孔祥熙、何应钦、孙文、宋子文等文武大臣臂带青纱，庄重肃穆地等着运送张自忠灵柩的船只上岸。蒋介石带头登上船后，看到张自忠的灵柩，两眼通红，面带悲色。他缓缓地走到棺材旁边，蹲下身来不停地抚摸着棺材，痛哭流涕，低沉哀号。

28 日下午 3 时，蒋介石亲自率领文武百官和社会人士在储奇门为张自忠举行了隆重的祭奠仪式。蒋介石亲自主持仪式，表彰张自忠一生功绩：

"张总司令荩忱殉国之噩耗传来，举国震悼。……追维荩忱生平与敌作战，始于二十二年喜峰口之役，迄于今兹豫鄂之役，无役不身先士卒。当喜峰口之役，歼敌步兵两联队、骑兵一大队，是为荩忱与敌搏战之始。抗战以来，一战于淝水，再战于临沂，三战于徐州，四战于随枣……荩忱之勇敢善战，举世皆知。其智深勇沉，则犹有世人未及者。自喜峰口战事之后，卢沟桥战事之前，敌人密布平津之间，乘间抵隙，多方以谋我，其时应敌之难，盖有千百于今日之抗战者。荩忱前主察政，后长津市，皆以身当俎樽折冲之交，忍痛含垢，与敌周旋。重谤群疑，无所摇夺，而未尝以一语自明。惟中正独知其苦衷与枉曲，乃特加爱护矜全，而犹为全国人士所不谅也。迨抗战既起，义奋超群，所向无前，然后知其忠义之性，卓越寻常，而其忍辱负重，杀敌之果之概，乃大白于世。夫见危授命，烈士之行，古今犹多有之。至于当艰难之会，内断诸心，苟利国家，曾不以当世之是非毁誉乱其虑，此古大臣谋国之用心，固非寻常之人所及知，亦非寻常之人所能任也……"

11 月 16 日，蒋介石在北碚双柏树雨台山亲自主持张自忠的"权厝"下葬仪式，下令将青天白日旗覆盖在张自忠的棺材上，再缓缓将灵柩移入墓穴之中。之后，冯治安、黄维纲、刘振三等三十三集团军将领挥锹铲土封闭墓穴，并且在墓穴旁树立蒋介石亲笔所题的"英烈千秋"的石碑。

　　1947 年 5 月 10 日，国民政府发布"张自忠将军国葬令"，之后由于国民党忙于内战，国葬之事无人过问，便不了了之。1957 年，中华人民共和国正式将张自忠的灵柩安葬于重庆北碚梅花山。

　　张自忠是中国抗日战争中唯一一位死于战场的上将集团司令官，也是第二次世界大战中世界反法西斯阵营中战死沙场的最高将领。他用他的生命显示了军人之魂，践行了中华民族抵抗侵略、尽忠报国的爱国精神，张扬了中国人民见危授命、杀身成仁的民族气概。张自忠的爱国情操激励着中华儿女为祖国的自由、富强而不懈奋斗！